COFFEE

BREWING

# 커피 브루잉

일상이 특별해지는 나만의 커피 만들기 / 도형수 지음

아이비라인

PROLOGUE

바야흐로 커피의 시대다. 우리나라 성인 한 사람의 연평균 커피 소비량이 300잔에 다다른다고 하니 얼추 하루에 한잔씩은 빠짐없이 커피를 챙기는 셈이다. 불과 십여 년 전까지만 해도 '커피' 하면 으레 달콤한 믹스 커피를 떠올렸지만 언제부턴가 아메리카노가 커피의 대명사가 되었고, 에스프레소부터 핸드드립까지 실로 다양한 커피를 즐겨 마시게 됐다. 자신이 좋아하는 커피 스타일과 특별히 아끼는 커피메뉴 하나쯤은 얘기할 수 있을 만큼 커피는 일상적인 음료로 매일 우리의 곁을 지키고 있다.

커피에 대한 관심이 높아지면서 색다른 맛의 경험을 원하는 애호가도 속속 등장하게 되었다. 이러한 흐름 속에서 소위 '스페셜티 커피specialty coffee'라고 하는 다채로운 향미의 고품질 커피가 하나의 트렌드로 안착했다. 좋은 재료와 섬세한 가공이 새로운 화두로 떠올랐고 추출에 있어서도 커피 본연의 맛을 표현하는 것에 중점을 두게 되었다. 그저 밀려드는 졸음을 쫓아내고 잠시 머리를 맑게 깨우기 위해 마셨던 검은 액체의 진면목에 주목하기 시작한 것이다.

이러한 흐름을 따라 최근 들어서는 강렬한 에스프레소보다 재료의 맛을 온전히 살린 브루잉 커피를 찾는 사람들이 하나둘 늘고 있다. 브루잉은 에스프레소와 달리 압력을 가하지 않고 순수하게 커피가루와 물만으로 커피를 만드는 방식이며, 깊은 맛이 살아있다. 게다가 브루잉 커피는 언제 어디서나 쉽고 간편하게 내릴 수 있어 커피 마시는 일이 점점 잦아지는 요즘, 여러모로 부담 없이 즐길 수 있다. 디자인과 기능 두 가지 모두를 만족시키는 다양한 추출도구는 커피 브루잉의 또 다른 재미이기도 하다.

커피에는 저마다 색깔이 있다. 어느 농부가 어떻게 생산했고, 또 어떤 로스터와 바리스타의 손을 거쳤는지에 따라 속성이 전부 다르다. 지금 마시고 있는 커피가 사실은 일생에 단 한 번 맛볼 수 있는 것이라고 말할 수 있을 만큼 커피는 아주 작은 것에도 민감하게 달라진다. 커피의 이런 부분이 자칫 어렵고 낯설게 생각될 수 있지만 이것이 바로 우리의 호기심을 일으키는 커피만의 매력이다. 무엇이든 반복되면 금방 싫증이 나기 마련이지만 커피에는 수많은 변수가 있어서 매번 마실 때마다 다채로움을 느낄 수 있다. 내가 좋아하는 맛과 사용하는 추출도구, 그리고 원두의 개성만 파악하고 있다면 얼마든지 원하는 브루잉 커피에 다가갈 수 있다.

이 책은 처음 커피 브루잉을 하는 이들을 위한 친절한 안내서로, 크게 두 개의 파트로 나뉜다. 앞부분에서는 커피를 만들기 전 알아야 할 기본 지식과 도구에 대한 전반적인 내용을 설명하고, 뒷부분에서는 각각의 추출도구에 적용할 수 있는 필자의 커피 브루잉 레시피를 소개한다. 하지만 어디까지나 필자가 제안하는 레시피일 뿐이므로 그대로 따라하기 보다 차츰 익숙해지면 나름대로 자신만의 방식을 찾아보길 바란다.

커피 브루잉은 마치 레고 놀이 같아서 정해진 답이 없다. 마음 가는 대로 블록을 쌓듯 그저 개인의 취향을 따르면 된다. 이 책에 실려 있는 커피 브루잉 레시피와 숨어있는 원리를 알고 나면 앞으로 맛있는 커피를 내리는 데 큰 도움이 될 것이다.

평범한 하루에 경쾌함을 더하고 싶다면, 누군가에게 진심을 담아 커피 한잔을 선물하고 싶다면 망설이지 말고 지금 바로 커피 브루잉을 시작하자. 이제 일상을 보다 풍요롭게 해줄 커피 브루잉의 세계에 빠져들 시간이다.

PROLOGUE

## 01
### WHAT IS BREWING
브루잉은 무엇일까

## 02
### BEFORE BREWING
브루잉을 시작하기 전에

**1** 원두의 캐릭터 · 017
**2** 추출도구에 대한 이해 · 020
**3** 나의 커피 취향 · 022

## 03
### ELEMENTS OF BREWING
브루잉의 요소

**1** 원두 상태 · 031
**2** 커피가루의 입자 크기 · 036
**3** 물 온도 · 039
**4** 추출 시간 · 040

## 04
### BREWING TOOLS
브루잉에 필요한 도구들

**COLUMN** 브루잉 핵심 가이드 · 044

## 05
### MILD BREWING
마일드 브루잉

케멕스 · 050
콘 · 058
칼리타 · 064
칼리타 웨이브 · 070
고노 · 078
하리오 V60 · 084
클레버 · 090
융 · 096
커피메이커 · 104

**COLUMN** 로스팅 포인트에 따라
제안하는 브루잉 룰 · 112

## 06
### MEDIUM BREWING
미디엄 브루잉

에어로프레스 · 116
모카포트 · 124
사이폰 · 132

**COLUMN** 브루잉 커피 베리에이션 · 142

## 07
## STRONG BREWING
### 스트롱 브루잉

프렌치프레스 · 146
소프트브루 · 152
에스프로프레스 · 158
카페 솔로 · 164
킨토 파로 드리퍼 · 170

**COLUMN** 새로운 추출도구 트렌드 · 176

## 08
## VARIOUS BREWING
### 그 밖의 브루잉

이와키 워터드립 · 180
하리오 미즈다시 포트 · 186
커피 핀 · 192
칼리타 원터치 드리퍼 · 196

BREWING LESSON

# 01
## WHAT IS BREWING
브루잉은 무엇일까

커피에 조금이라도 관심이 있다면 아마도 '에스프레소espresso'나 '핸드드립hand-drip' 같은 말이 귀에 익숙할 것이다. 하지만 소위 커피 좀 마신다는 사람들에게조차 '브루잉brewing'은 아직도 조금 낯설다. 브루잉의 사전적 의미를 찾아보면 여러 가지 풀이가 나온다. 브루잉의 원형인 동사 '브루brew'는 '맥주를 담가 만들다', '커피나 차를 끓이다', '우려내다' 등의 뜻이 있다. 이 책에서 설명하는 브루잉은 두 번째 해석에 가깝다. 미국에서는 커피를 내리는 것을 두고 흔히 '브루 커피brew coffee'라고 표현한다.

한 마디로 브루잉은 커피를 만드는 일련의 과정이며, 에스프레소와는 추출 방식이 다른 것으로 구별된다. 에스프레소는 짧은 시간 고온에서 높은 압력을 가해 커피성분을 뽑아내지만 브루잉은 커피가루에 물을 붓고 필터로 걸러 커피를 완성한다. 그러므로 핸드드립과 브루잉은 사실 같은 의미다. 다만 일본의 영향을 받은 우리나라에서는 '핸드드립'이라는 표현을, 미국과 북유럽에서는 '브루잉'이라는 표현을 주로 쓰는 것이다.

대부분의 브루잉 도구들이 순수하게 커피가루와 물만으로 커피를 내리는 데다 미세한 구멍이 뚫린 필터를 사용하기 때문에 브루잉 커피는 에스프레소 커피에 비해서 농도가 연하고 부드러운 것이 특징이다. 브루잉 커피가 평소 마일드한 커피를 즐겨 마시는 미국과 호주 등지를 중심으로 높은 수요를 보이는 것도 그 때문이다. 또한 브루잉 커피에는 시럽과 소스 등의 부재료가 들어가지 않아 원두 본연의 특성, 추출도구가 지닌 개성이 맛에 그대로 드러난다. 원두와 추출도구를 빼고서 브루잉을 이야기할 수 없는 이유도 바로 여기에 있다.

몇 년 전만 해도 우리나라의 브루잉 커피는 일본 스타일로 다크 로스팅한 원두를 진하게 추출하는 것이 대세였다. 하지만 최근에는 트렌드의 영향을 받아 미국이나 호주 스타일로 미디엄 로스팅한 원두를 커피 향에 중점을 두고 가볍게 추출하는 것이 인기라고 한다.
특히 유명 바리스타와 커피회사를 중심으로 국내에 다양한 브루잉 도구가 소개되고, 고품질의 스페셜티 커피가 주목받으면서 그 향미를 효과적으로 이끌어내는 브루잉이 전 세계적인 유행이 되었다. 미국의 브루잉 스타일은 일본식에 비해 상대적으로 방법이 까다롭지 않아서 일상에서도 어렵지 않게 시도해 볼 수 있으며, 일본에서 선호하는 중후한 커피보다 산뜻해서 자주 마시기에도 좋다.

브루잉 방식은 커피가 추출되는 원리에 따라 크게 여과식과 침출식 두 가지로 나눌 수 있다.

**01 여과식**
물이 커피가루를 통과하면서 커피를 추출하는 방식.

**02 침출식**
물에 커피가루를 우리거나 끓여서 커피를 추출하는 방식.

브루잉 커피와 에스프레소 커피.

WHAT IS BREWING

'빠르다express'는 뜻을 지닌 에스프레소 커피는 커피가루를 93℃ 전후의 뜨거운 물로 9bar 정도의 압력을 가해 30초 이내에 30㎖ 가량을 뽑아낸 것이다. 에스프레소는 커피의 추출 조건이 브루잉과 완전히 다르며, 커피의 오일 성분도 뽑아내기 때문에 그 위에는 '크레마crema'라는 적갈색의 고운 거품이 생기고, 덕분에 커피를 마셨을 때 보다 풍부한 향을 느낄 수 있다.

BREWING LESSON

# 02
# BEFORE BREWING
브루잉을 시작하기 전에

많고 많은 커피의 매력 중 하나가 바로 다양성이다.
그만큼 커피는 육하원칙보다 더 많은 변수들이 맛을 좌우하고,
자연스레 끝없는 궁금증과 호기심이 이어진다.
그래서 브루잉이 어렵게 느껴질 수도 있지만
이렇게도 저렇게도 해보면서 나만의 커피를 만드는 재미가 있다.
브루잉을 시작하기 전에 알아두어야 할 세 가지 포인트를 소개한다.
아래의 내용을 참고해 기준만 잘 잡으면 헤맬 이유가 없다.

## 원두의 캐릭터

본격적으로 커피를 내리기 전에 무엇보다 재료인 원두의 성격을 먼저 알아야 한다. 원두의 원재료인 생두는 커피 맛의 70% 이상을 좌우한다고 해도 지나친 말이 아닐 만큼 중요한 요소다. 대륙마다, 나라마다 사람들의 기질이 다르듯이 커피도 생두의 품종과 자라난 산지의 환경에 따라 맛이 제각각이다. 로스터는 이러한 생두의 생산 과정을 고려해 원두를 볶고, 바리스타도 이에 맞춰 커피를 만든다.

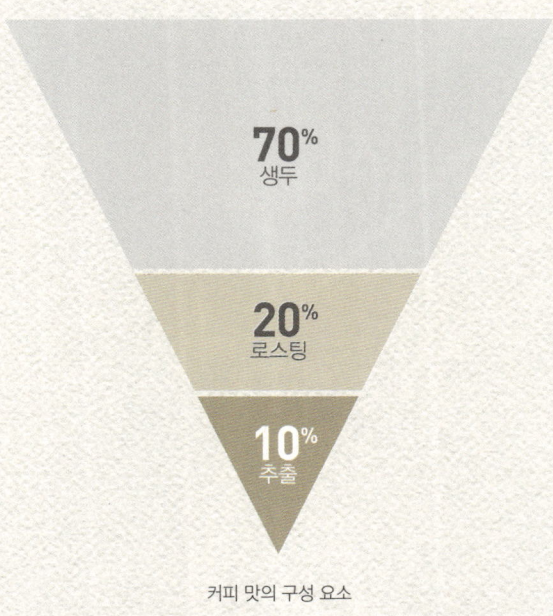

커피 맛의 구성 요소

요즘은 와인처럼 커피도 테루아terroir가 중요해졌다. 생두의 재배와 가공 방식이 크게 발전했고, 커피 업계는 물론 일반 소비자들도 재료가 지닌 본연의 맛에 중점을 두기 시작했다. 생두의 타고난 맛을 살리기 위해 로스팅을 약하게 하는 경향도 나타났다. 로스팅을 강하게 하면 화학 변화가 활발해져서 생두 자체의 캐릭터가 많이 바뀌기 때문이다. 육질이 좋은 고기를 일부러 레어나 미디엄 정도로 살짝 덜 익혀 먹는 것과 마찬가지다.

*check point*

## 생두 등급, 이렇게 나뉜다

- **스페셜티** *Specialty*
  일반적으로 스페셜티 커피는 커핑 점수가 80점 이상인 커피를 말하며, 커머셜 커피에 비해 뛰어난 향미를 자랑한다. 더불어 높은 품질의 커피, 그 이상으로 생산 및 유통 과정에서 산지와의 유대관계에 집중하며, 스페셜티 커피를 취급하는 회사들 대부분이 커피 농부들의 삶의 질을 개선하기 위해 선순환 구조를 만드는 데 힘쓰고 있다는 점에서 더욱 의미가 깊다.

- **컵 오브 엑셀런스** *Cup of Excellence, CoE*
  스페셜티 커피 중에서도 좀 더 높은 등급에 속하는 커피. CoE는 매년 커피산지에서 열리는 품질평가 대회로, 브라질, 브룬디, 콜롬비아, 코스타리카, 엘살바도르, 과테말라, 온두라스, 멕시코, 니카라과, 르완다가 회원국으로 참여하고 있다. 수차례의 엄격한 심사를 거쳐 85점 이상의 점수를 받은 커피에 한해 'CoE'라는 타이틀이 부여된다.

- **마이크로 랏** *Micro Lot*
  스페셜티 커피의 일종으로, 같은 농장 안에서도 특별히 관리된 최상급 품질의 커피.

- **프리미엄** *Premium* / **하이 커머셜** *High Commercial*
  지역적 특성을 갖춘 프리미엄 등급의 커피로, 뉴욕 거래시장에서 좋은 평가를 받는 편이다. 스페셜티 커피보다 한 단계 낮은 등급에 속한다.

- **커머셜** *Commercial*
  일반적으로 가장 많이 소비되는 보통 커피.

## 추출도구에 대한 이해
### 2

브루잉에서 원두의 캐릭터 못지않게 중요한 것이 추출도구에 대한 이해다. 어떠한 도구든 똑같은 원두도 추출 방법에 따라 수십 가지의 맛을 낼 수 있을 만큼 브루잉에는 수많은 변수가 존재한다. 모든 도구에는 저마다 장단점이 있기 때문에 추출 방식을 정하기 전에 내가 쓰려는 도구의 성격을 정확하게 파악하고, 이를 효과적으로 끌어내는 것이 중요하다. 그렇게 도구 하나를 완전히 이해하면 자유자재로 브루잉을 소화할 수 있게 된다. 원두의 속성에 맞는 도구를 선택하면 그것이 최고의 커피다.

## 나의 커피 취향

커피는 기호식품이다. 그래서 나에게는 아무리 맛있는 커피도 남에게는 별다른 감흥이 없을 수 있다. 그만큼 커피는 매우 주관적인 영역이고, 어디까지나 취향의 문제다. 그렇다보니 호불호가 분명하지 않으면 다른 사람의 말에 휩쓸리기도 쉽다. 나와 똑같은 커피를 마신 어느 커피 전문가가 커피에서 과일 맛을 느꼈다고 얘기하면, 아마 대부분의 사람들이 방금 전까지 알아차리지 못했던 과일 맛이 난다고 맞장구칠지도 모른다. 때문에 내가 어떤 커피를 좋아하는지 스스로 자신의 취향을 파악하고 나름대로 선택의 기준을 세우는 것이 우선시되어야 한다.

브루잉을 하기에 앞서 원두의 어느 부분에 중점을 두고 추출할 것인지를 명확히 하면 훨씬 만족스러운 결과를 얻을 수 있을 것이다. 먼저 내가 커피에서 어떤 맛을 느끼고 있는지 알고 있어야 한다. 커피의 향미는 '플레이버 flavor'라고 하며, 이는 커피의 여러 성격을 포괄하는 개념이다. 보통 긍정적인 면이 섬세하게 드러나는 커피를 좋은 커피라고 보기 때문에 높은 품질의 커피일수록 향미가 더욱 복잡하다. 다음의 세 가지를 참고하면 커피를 마시고 난 후 머릿속에 든 인상을 그리 어렵지 않게 표현할 수 있다.

> **check point**
>
> **커피 취향의 기준**
> - 농도가 연한지|mild, 진한지|strong
> - 목넘김이 부드러운지, 묵직한지
> - 신향, 단향, 쓴향 중 어떤 아로마가 가장 풍부한지

## 01 농도가 연한지, 진한지

커피의 농도는 목넘김에 영향을 끼친다. 목넘김은 농도가 연할수록 부드럽게, 진할수록 묵직하게 느껴진다.

## 02 목넘김이 부드러운지, 묵직한지

여기서 말하는 '목넘김'이란 마우스필mouthfeel과 바디body를 통칭하는 말이다. 마우스필은 말 그대로 커피가 입에 닿았을 때의 느낌을 뜻하며, 바디는 커피를 머금었을 때 전해지는 무게감을 의미한다. 마우스필과 바디는 커피의 지방분*과 고형분* 함량에 따라 강도가 다르다. 마우스필은 지방분이 많으면 부드럽고, 고형분이 많으면 거칠다.

- ■ **지방분의 함량에 따라서**
  버터리buttery 〉 크리미creamy 〉 스무스smooth 〉 워터리watery

- ■ **고형분의 함량에 따라서**
  틱thick 〉 헤비heavy 〉 미디엄medium 〉 라이트light

- ■ **지방분과 고형분의 함량에 따라서**
  풀full 〉 미디엄medium 〉 라이트light

---

* **지방분** 커피의 오일 성분으로, 지방분의 함량에 따라 커피의 풍미가 달라진다. 여기에는 방향물질이 들어 있어서 로스팅이나 추출을 하면 고온에 의해 커피 향미가 발산된다. 때문에 원두의 로스팅 포인트나 물 온도가 높을수록 커피 오일의 양이 늘어난다. 압력을 가하는 경우에도 커피 오일이 많이 빠져나온다. 지방분이 고형분보다 많으면 부드럽지만 약간 밋밋할 수 있다.

* **고형분** 커피성분 중 커피 맛을 내는 미세한 입자. '미분'이라고도 한다. 고형분 함량은 커피의 농도와 목넘김을 좌우하며, 로스팅 포인트와 로스팅 날짜 같은 원두의 상태와 커피추출의 여러 변수에 의해 양이 달라진다. 고형분이 지방분보다 많으면 묵직하지만 약간 텁텁할 수 있다.

## 03  신향, 단향, 쓴향 중 어떤 아로마가 가장 풍부한지

아로마aroma는 커피에서 느껴지는 향을 의미한다. 좀 더 정확하게는 커피가루에 뜨거운 물을 부었을 때 느낄 수 있는 향이다. 사실 우리가 커피에서 맛이라고 느끼는 것은 실제로 향에 불과하다. 예를 들어 어느 커피의 테이스팅 노트에 '스트로베리strawberry'라고 적혀있다면 이는 커피에서 진짜 딸기를 느낄 수 있다는 뜻이 아니라 딸기와 같은 향이 난다는 것이다.

■ 향의 종류

\* 꽃 향, 과일 향
꽃flowery 같은 신향인지, 과일fruity 같은 신향인지.
대표적인 꽃 향에는 재스민, 베르가못, 라벤더 등이 있고, 과일 향은 시트러스citrus 계열과 베리berry 계열로 나뉜다.

\* 단향
캐러멜caramel 같은 단향인지, 견과류nutty 같은 단향인지, 초콜릿chocolate 같은 단향인지.
초콜릿은 바디를 나타내는 표현으로도 활용되는데 바디가 무거우면 다크 초콜릿dark chocolate, 가벼우면 밀크 초콜릿milk chocolate이라고 한다.

\* 쓴향
기본적으로 분쇄된 원두에서는 모두 향신료spicy 같은 쓴향이 나고, 이는 원두를 어떻게 볶았는지에 따라 정도에 차이가 있다.

■ 아로마의 강도를 표현할 때
리치rich 〉 풀full 〉 라운드rounded 〉 플랫flat

## check point

### 커피에서 느낄 수 있는 네 가지 향

· **가벼운 향**
 – **프래그런스**fragrance 실온의 커피가루에서 발하는 향.
 – **아로마**aroma 커피가루에 뜨거운 물을 부었을 때 발하는 향. 향미성분이 물에 녹아들면서 더욱더 복잡한 향이 난다.

· **무거운 향**
 – **노즈**nose 커피를 마실 때 코와 입에서 느껴지는 향.
 – **애프터테이스트**aftertaste 커피를 마시고 난 후 혀의 후미에서 느껴지는 여운.

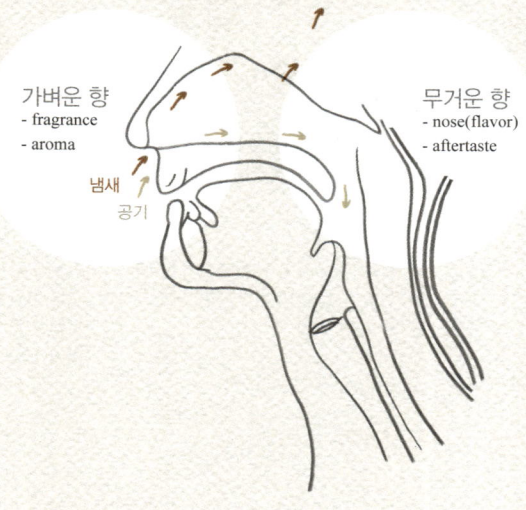

가벼운 향
 - fragrance
 - aroma

무거운 향
 - nose(flavor)
 - aftertaste

냄새
공기

*check point*

## 나만의 커피 테이스팅 노트

'커피 테이스팅'이란 앞에서 설명한 표현을 사용해 커피를 마시고 나서 자신이 음미한 대로 자유롭게 후기를 남기는 작업이다. 그래프를 활용하면 커피가 주는 느낌을 간단히 정리할 수 있다. 각 항목에 속하는 맛의 강도를 그래프 위에 점으로 표시한 다음 선을 그었을 때 마름모꼴이 나왔다면 전체적으로 커피 맛에 균형이 잡혀있다는 뜻이다.

**RATING**
☆ ☆ ☆ ☆ ☆

**FLAVOR WHEEL**

- SWEETNESS
- BITTERNESS
- ACIDITY
- BODY

**BREW METHOD**
☐ DRIP
☐ ESPRESSO
☐ POUR OVER
☐ PRESS
☐ SIPHON
☐ OTHER

## 커피의 감상 포인트

· 바디
· 신향
· 단향
· 쓴향

BREWING LESSON

# 03
## ELEMENTS OF BREWING
브루잉의 요소

브루잉에 필요한 재료는 원두와 물, 단 두 가지뿐이지만
앞으로 소개할 브루잉의 다섯 가지 조건을 어떻게 조절하느냐에 따라
똑같은 원두로 연하게도 진하게도 내릴 수 있다.
다만 여기서 잊지 말아야 할 한 가지는 커피 향미의 밸런스다.
아무리 훌륭한 원두도 추출을 했을 때 맛이 한쪽으로 치우치면
절대로 좋은 인상을 남길 수 없다.
우리가 원두의 상태와 커피가루의 입자 크기, 물 온도, 추출 시간 등
다양한 변수를 알아야 하는 이유도
결국에는 균형감 있는 커피를 추출하기 위해서다.
또한 원두가 지닌 향미를 가능한 버리는 것 없이 골고루 뽑아야 한다.
이번 챕터에서는 커피추출의 여러 가지 변수에 보다 쉽게 다가가고,
이를 적절하게 적용할 수 있도록 안내할 것이다.
이 원리만 잘 이해한다면 어떤 추출도구를 써도
제법 괜찮은 맛의 커피가 만들어진다.

# 원두 상태

## 01 로스팅 단계 *Roasting point*

원두는 로스팅 강도에 따라서 크게 여덟 단계로 나뉜다. 이를 '로스팅 포인트'라고 하는데 외관으로 구분이 가능하며, 각 단계별로 커피 향미에 다소 차이가 있다.

패션처럼 커피도 트렌드의 영향을 많이 받는다. 얼마 전까지만 해도 커피의 산미를 극대화시키는 라이트 로스팅이 인기를 끌었는데, 최근에는 전체적으로 밸런스 좋은 커피가 각광을 받게 되면서 로스팅 포인트도 점점 높아지는 추세다.

### ■ 로스팅 포인트

*Light* → *Italian*

| 1단계 | 약배전 | 라이트 *Light* | 생두가 열을 흡수하면서 수분이 빠져나가는 초기 단계다. |
|---|---|---|---|
| 2단계 | | 시나몬 *Cinnamon* | 생두의 겉면을 감싸고 있는 얇은 은피가 벗겨지기 시작한다. 옅은 계피 색을 띈다. |
| 3단계 | 약중배전 | 미디엄 *Medium* | 향미와 빛깔이 좋고, 가벼운 신맛이 난다. |
| 4단계 | | 하이 *High* | 신맛과 과일의 풋풋한 단맛이 난다. 외관에는 갈색빛이 돈다. |
| 5단계 | 중배전 | 시티 *City* | 신맛과 밸런스, 깔끔한 맛이 특징. 개성이 또렷한 원두는 대체로 시티 로스팅이 잘 어울린다. |
| 6단계 | 중강배전 | 풀 시티 *Full city* | 신맛은 사라지고 단맛과 쓴맛이 생기기 시작한다. 커피의 진한 단맛에 중점을 두는 로스팅 포인트다. |
| 7단계 | 강배전 | 프렌치 *French* | 쓴맛과 강한 바디가 강조된다. |
| 8단계 | | 이탈리안 *Italian* | 커피의 오일 성분이 흘러나와서 표면에 윤기가 돈다. 진한 쓴맛이 나고 원두에 따라 탄 냄새가 나기도 한다. |

## 02 로스팅 날짜 *Roasting date*

로스팅을 하고 시간이 흐름에 따라 원두의 가스 함량과 남아있는 향미 성분의 양이 달라지기 때문에 로스팅 날짜는 커피 맛에도 적지 않은 영향을 끼친다.

갓 로스팅한 원두는 가스 함량이 많아 커피가루에 뜨거운 물을 부으면 크게 부풀어 오른다. 그렇게 커피가루가 계속 움직이므로 커피와 물 사이에 층이 생기지 않고, 커피가루를 따라 미분도 같이 이동해 위에 따로 뜨지를 못한다. 그래서 추출된 커피에 미분이 많고, 맛도 무거운 편이다. 대신 로스팅한 지 조금밖에 지나지 않아서 아로마를 풍부하게 느낄 수 있다. 특히 스파이시한 향이 두드러진다.

반면 숙성된 원두는 가스 함량이 적어 뜨거운 물을 부어도 작게 부풀어 오른다. 때문에 커피와 물 사이에 층이 생기며, 커피가루는 아래로 가라앉고 미분은 위로 뜬다. 그래서 추출된 커피에 미분이 적고, 마우스필 면에서도 부드럽고 깔끔하다. 하지만 로스팅하고 시간이 어느 정도 흘렀기 때문에 아로마는 빈약할 수밖에 없다.

■ 원두 구매방법

로스터리 카페에 가보면 '갓 볶은 커피', '신선한 커피' 등의 문구를 자주 볼 수 있다. 하지만 실제로 원두는 가스가 어느 정도 빠지고 숙성되어 최상의 맛을 내는 시기가 따로 있다. 때문에 원두를 당장 소진할 거라면 로스팅한 후 3~4일 정도가 지난 것으로, 느긋하게 먹을 계획이면 그날 볶은 원두를 고르는 것이 좋다. 특히 다크 로스팅된 원두는 시간이 지나면 오일 성분과 함께 쓴맛이 올라오기 때문에 되도록 빨리 소모하는 것이 바람직하다.

■ 원두 보관방법

기본적으로 원두는 외부로부터 공기가 유입되지 않게끔 밀봉해서 서늘한 장소에 두고, 로스팅한 지 일주일이 넘은 경우에는 냉장 보관한다. 만약 원두가 분쇄된 상태라면 공기에 닿는 표면적이 넓어서 금방 향기성분이 날아가므로 보관할 때도 날짜를 이틀 앞당겨서 계산해야 한다.

■ 원두 제품 구입처

로스터리
로스터리는 원두 제품을 생산하는 곳을 뜻하며, 크게 커피 로스팅만 전문으로 하는 업체와 매장 운영을 겸하는 로스터리 카페로 나눌 수 있다. 이곳의 원두 제품은 오프라인 숍이 있으면 직접 방문해서, 아니면 온라인 쇼핑몰을 통해서 구입할 수 있다. 대개 로스팅한 지 일주일이 채 안된 원두를 100g 단위로 소량씩 판매하기 때문에 필요한 만큼 살 수 있다는 것이 장점이다. 종종 오너가 엄선한 특별한 커피도 만날 수 있다.
*strengths* 신선한 원두를 구매할 수 있으며, 바리스타가 원두와 추출에 관한 조언을 해준다.
*weaknesses* 커피 맛에 편차가 있거나 품목에 변동이 생길 수 있다.

대형마트
대형마트에선 국내외의 다양한 원두 제품을 판매한다. 대중의 커피 수요가 날로 높아지면서 몇몇 마트에서는 자체 브랜드 제품을 저렴한 가격에 출시하기도 했다. 구매 후 용도에 맞게 원두를 갈아주는 서비스도 제공한다. 하지만 대용량 상품이 많아 일정량 이상 소비하지 않으면 불필요할 수 있다.
*strengths* 시판 중인 원두를 골고루 비교한 후 구입할 수 있으며 가격대가 다양하다.
*weaknesses* 로스팅 날짜를 확인하기 어려운 경우가 있고, 유통 상의 문제로 신선도가 떨어지는 편이다.

서브스크립션
전문가가 추천한 원두를 특정 날짜에 맞춰 배달해주는 서비스다. 주로 온라인으로 신청할 수 있으며, 업체마다 그만의 테마로 기획한 제품을 선보인다. 굳이 발품을 팔지 않고도 내 입맛에 맞는 여러 원두를 간편하게 받아볼 수 있다는 것이 가장 큰 장점이다. 업체를 선정하기 전에는 커피가 내 취향에 맞는 곳인지를 살펴봐야 한다.
*strengths* 전문가가 고른 원두인 만큼 맛에서 크게 실패할 일이 없다.
*weaknesses* 원하는 원두가 있어도 개별적으로 구입하기는 어렵다.

커피 프랜차이즈
자주 가는 프랜차이즈 카페의 커피가 익숙한 이들에게 적합한 원두 제품. 보통 싱글 오리진 원두나 하우스 블랜드 위주며, 여름철이나 크리스마스 등 특별한 날에는 시즌 블랜드 같은 품목도 만날 수 있다. 때때로 할인 서비스나 사은품 같은 이벤트도 제공한다.
*strengths* 한꺼번에 대량을 로스팅하기 때문에 원두의 품질이 균일하고 커피 맛도 안정적이다.
*weaknesses* 로스터리에 비해서는 상대적으로 신선도가 떨어진다.

온라인 쇼핑몰
온라인으로 원두를 구입할 수 있는 방법으로는 커피전문 쇼핑몰과 오픈마켓이 있다. 두 가지 모두 다채로운 커피산지의 원두를 구비해놓고 있어서 선택의 폭이 넓다. 하지만 이 역시도 대용량 제품이 많고, 품질을 검증할 수 있는 방법이 없다는 것이 단점이다. 가격이 지나치게 저렴한 것은 좀 더 꼼꼼하게 살펴볼 필요가 있다.
*strengths* 가격이 부담 없다.
*weaknesses* 온라인상의 정보만으로 구매 여부를 정해야 한다.

■ 원두 패키지 읽는 법

**로스팅 날짜**
*ROASTING DATE*

로스팅하고 지난 시간에 따라 원두의 가스 함량과 남아있는 향미 성분의 양이 다르기 때문에 로스팅 날짜는 커피 맛에 적지 않은 영향을 끼친다.

**이름**
*NAME*

지역명, 농장명, 등급 등으로 이름을 정하는 경우가 많다.

**테이스팅 노트**
*TASTING NOTES*

커피를 마셨을 때 드는 느낌을 적은 것이다.

```
ROASTING DATE                    TASTING NOTES
            NAME
           COUNTRY
PROCESS                              SPECIES
```

**로스팅 포인트**
*ROASTING POINT*

로스팅 세기에 따라 커피 향미에 차이가 난다.

**가공법**
*PROCESS*

커피는 재료인 생두를 어떻게 가공하느냐에 따라서도 맛이 달라진다. 가공법은 크게 내추럴natural, dry과 워시드washed, wet로 구분된다.

**TIP** 내추럴은 커피체리 그대로 햇볕에 건조하는 방식이며, 단맛과 바디가 좋고 향미가 뛰어나다는 특징이 있다. 다만 건조 과정에서 잡다한 향미가 배어들어 목넘김이 텁텁해질 수 있다. 반면 워시드는 커피체리의 과육과 생두 바깥의 점액질을 발효로 없애는 방식이다. 잘 익은 과일의 산뜻한 산미, 풍부한 아로마, 깔끔한 뒷맛이 워시드 커피의 매력이다.

**생산국**
*COUNTRY*

커피는 대륙별로 비슷한 공통점을 보인다. 대체로 아프리카 커피는 과일의 산미와 꽃향기, 중남미 커피는 밸런스와 부드러운 맛, 아시아 커피는 씁쓸한 맛과 바디가 특징이다.

**품종**
*SPECIES*

생두의 품종은 크게 아라비카arabica와 로부스타robusta로 나뉜다. 이중에서도 향미가 뛰어나고 산미가 풍부한 아라비카가 우리가 일반적으로 마시는 커피의 재료다. 세부 품종으로 버번bourbon, 티피카typica, 카투라caturra, 카투아이catuai 등이 있다.

**TIP** 로부스타는 아라비카에 비해 가격 경쟁력은 앞서지만 상대적으로 향미가 밋밋한데다 쓴맛이 강해서 주로 원두를 블랜딩할 때 사용한다.

## 커피가루의 입자 크기

❷

그라인딩은 원두를 잘게 부숴 물에 닿는 면적을 늘림으로써 커피성분이 원활하게 추출되도록 하는 브루잉의 첫 번째 과정이다. 원두는 곱게 갈수록 표면적이 넓어져 같은 시간을 우려도 커피가 더 진하기 때문에 혹시라도 브루잉을 할 때 원두의 양이 적다면 분쇄도를 가늘게 조절하면 된다. 또한 물을 붓기 전에 뾰족한 도구로 커피가루를 한번 뒤적거리면 밀도가 균일해져서 커피성분이 편차 없이 일정하게 추출된다.

### 01 커피가루 입자표본

일반적으로 그라인딩의 단계는 '굵은coarse', '조금 굵은medium', '가는fine', '아주 가는micro'으로 나뉘며, 이 책의 브루잉 레시피에 기재된 분쇄도는 아래 기준을 따른 것이다. 실제로 어느 정도의 굵기인지 감이 안 잡힌다면 옆에 쓰인 식재료와 비교해본다.

■ 대표적인 그라인더 브랜드인 칼리타와 하리오 V60용 분쇄도

포렉스Porlex 기준 12

바라짜 엔코Baratza Encore 기준 30

보덤 비스트로Bodum Bistro 기준 11

## 02 그라인더 선택 요령

초보자들이 사용하기에는 '핸드밀'이라고 하는 수동 그라인더가 가장 적합하다. 가격이 비교적 저렴하고, 장소에 제약 없이 간편히 쓸 수 있어 좋다. 힘이 든다는 수동 그라인더의 치명적인 단점을 보완한 전동 그라인더도 있다. 전동 그라인더의 경우 용도에 따라 스펙도, 가격도 제각각이지만 가정용으로도 다양한 제품들이 출시되고 있다. 하지만 가정용 그라인더는 업소용 그라인더에 비해 입자가 고르지 않고, 발열 등의 문제가 있으니 이를 고려하여 구입해야 한다.

## 물 온도

브루잉에 사용하는 물은 대개 88℃에서 96℃ 사이다. 하지만 이 역시도 원두의 캐릭터와 로스팅 포인트에 따라 조금씩 다르게 조정한다. 온도계 없이 온도를 확인해야 할 경우에는 팔팔 끓는 물을 잠시 두었다가 기포가 꺼지면 사용한다. 이때의 물 온도가 96℃ 정도다.

■ 물 온도가 높으면?
  · 대부분의 커피성분이 고온에서 잘 녹기 때문에 쓴맛, 단맛, 바디 등이 두루두루 추출된다.
  · 높은 온도의 물로 내린 커피는 바로 마셨을 때는 플레이버가 다소 밋밋하지만 시간이 갈수록 맛의 균형이 잡힌다.

■ 물 온도가 낮으면?
  · 물 온도가 낮으면 커피성분이 원만하게 추출되지 않아서 신맛과 떫은맛이 증가하고, 쓴맛과 단맛, 바디는 감소한다.
  · 낮은 온도의 물로 내린 커피는 바로 마셨을 때는 화사한 플레이버가 느껴지지만 시간이 갈수록 자극적인 신맛과 떫은맛이 혀끝을 괴롭히는 날카로운 커피로 변한다.

# 추출 시간

추출 시간은 말 그대로 브루잉에 소요되는 시간을 말하며, 좀 더 정확하게는 커피가루와 물이 맞닿아 있는 시간이다. 커피가루를 물에 얼마나 오래 적셨는지에 따라 녹아난 커피성분의 양이 다르며, 이는 커피의 농도와 맛을 결정한다.

추출 시간은 커피가루의 입자와 가장 연관이 깊다. 입자가 가늘면 커피가루의 밀도가 촘촘해 물이 통과하는 데 시간이 오래 걸리고, 그만큼 추출 시간도 길어진다. 반면 입자가 굵으면 커피가루의 밀도가 엉성해 물이 통과하는 데 시간이 오래 걸리지 않고, 그만큼 추출 시간도 짧아진다.

입자 외에도 추출 시간을 조절할 수 있는 또 다른 방법이 있는데, 바로 물줄기의 모양이다. 브루잉의 다른 모든 조건이 동일한 상태에서는 물줄기 굵기가 커피 맛을 결정한다. 똑같은 양의 물을 부어도 물줄기가 가늘면 추출 속도가 느리고 추출 시간은 길어지는 반면, 물줄기가 굵으면 추출 속도가 빠르고 추출 시간은 짧아지기 때문이다.

- **추출 시간이 길면?**
  - 커피성분이 많이 추출되어서 진한 커피가 된다. 하지만 이때 커피성분이 너무 많이 추출되면 과다추출로 인해 물과 커피성분의 균형이 깨져 쓴맛이 강해지고 목넘김도 날카로워진다.

- **추출 시간이 짧으면?**
  - 커피성분이 적게 추출되어서 연한 커피가 된다. 하지만 이때 커피성분이 너무 조금 추출되면 과소추출로 인해 물과 커피성분의 균형이 깨져 신맛이 강해지고 물맛도 심해진다.

*check point*

## 물줄기 모양의 종류

정드립과 푸어오버 둘 다 물을 붓는 동작이라는 점에서는 흡사하지만 동서양의 문화적 차이로 인해 스타일이 조금씩 다르다. 같은 인사말도 격 없이 친근하게 건네는 서양의 경우에는 브루잉을 할 때도 푸어오버 방식으로 리듬을 타며 자유롭게 물을 붓는다. 한편 짧은 인사에도 깍듯하게 예의를 차리는 동양에서는 커피 한잔에 온 정성을 쏟는 것처럼 섬세한 손놀림이 필요한 정드립 방식을 선호하는 편이다.

정드립 | 푸어오버

**방법**
- 주로 일본에서 쓰는 방식으로, 드리퍼에 따라 권장하는 일정한 방법이 있다.
- 종이필터 특유의 냄새가 커피의 바디를 살린다고 생각해서 따로 린싱을 하지 않는다.
- 커피가루에 물을 투과시키는 원리다.

**맛의 특징**
커피성분이 많이 추출되어서 진하고 묵직한 맛이 난다.

**미분의 모습**
커피가루와 물 사이에 난류가 천천히 일어나 미분을 아래쪽으로 가라앉힌다.

**방법**
- 주로 미국에서 쓰는 방식으로, 특정한 틀에 얽매이지 않고 편하게 물을 붓는다.
- 깔끔한 맛에 포커스를 두기 때문에 필터를 한번 린싱해서 종이 냄새를 없애준다.
- 커피가루에 물이 잠시 고여있다가 빠져나오는 원리다.

**맛의 특징**
커피성분이 적게 추출되어서 연하고 가벼운 맛이 난다.

**미분의 모습**
커피가루와 물 사이에 난류가 빠르게 일어나 위로 떠오른 미분이 진흙처럼 엉겨있다.

* **난류** 커피가루와 물이 섞여서 불규칙하게 흐르는 현상. '터뷸런스turbulence'라고도 부른다. 브루잉에서 난류의 강도는 물줄기의 영향을 받는다. 물줄기가 굵을수록 커피가루와 물은 더 크게 요동치고 커피성분도 많이 녹아나온다. 난류가 세면 무게가 가벼운 미분이 아래로 채 가라앉지 못하고 위로 뜨기 때문에 맛은 한결 부드러워진다.

BREWING LESSON

# 04
## BREWING TOOLS
브루잉에 필요한 도구들

**01 그라인더** *Grinder* 원두를 가루로 가는 도구. 사무실이나 가정에서는 주로 수동 핸드밀과 가정용으로 나온 전동 그라인더를 사용한다. 핸드밀의 경우 아랫날이 고정되어 있고 사용자가 직접 윗날을 돌리면서 원두를 가는 방식이다. 분쇄도는 날에 연결된 나사를 돌려 조절한다. 전동 그라인더는 핸드밀보다 분쇄도 선택의 폭이 넓고, 속도도 월등히 빠르다. 날의 형태나 성능에 따라 다양한 가격대의 제품이 출시되고 있다.

**02 드립포트** *Drip pot* 커피를 추출할 때 쓰는 전용 주전자다. 물을 원하는 대로 조절하며 부을 수 있게 주둥이가 바깥으로 길게 뻗어있다. 물을 붓는 스타일에 따라 주둥이가 좁은 것에서 넓은 것까지 형태가 여러 가지며, 스테인리스, 동, 법랑 등 다양한 재질이 있다. 일반 주전자에 비해 가볍지만 그만큼 두께가 얇아서 직접 가열하는 것은 불가능하다. 이런 불편함을 해소하기 위해 만든 전기포트식 드립포트도 있다.

**03 필터** *Filter* 커피추출 중에 커피찌꺼기를 걸러내는 부분. 종이, 융, 금속 등 다양한 필터가 있고, 소재에 따라서 맛의 편차가 크기 때문에 개인의 취향과 추출도구의 특성에 맞게 골라야 한다. 종이필터에는 대표적으로 사다리꼴과 원뿔형이 있으며 몇몇 도구는 전용 필터가 있다. 사이즈도 1~2인용부터 4인용 이상까지 있으며, 색상은 표백 유무에 따라 달라지는데 맛에는 영향을 끼치지 않는다.

**04 타이머** *Timer* 시간을 측정하는 도구로, 초 단위까지 표시되는 타이머를 쓰는 것이 좋다. 추출 시간에 따라 커피의 농도가 달라지므로 타이머로 시간을 정확하게 컨트롤해야 한다.

05

06

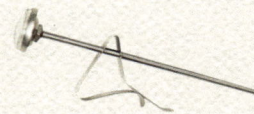
07

08 09 10

**05 계량저울** *Measuring scale* 보통 물과 커피의 양을 재는 목적으로 사용한다. 종류로는 가정용 소형 저울과 브루잉 전용 저울이 있다. 브루잉 전용 저울에는 타이머가 장착된 것도 나와있다.

**06 계량스푼** *Measuring spoon* 커피가루를 뜰 때 쓰는 스푼. 계량스푼은 종류에 따라 한 스푼의 양이 제각이이기 때문에 사전에 저울로 무게를 재는 것이 바람직하다. 계량스푼 속 커피가루 양을 예측할 때는 부피와 무게가 다른 개념이라는 것을 감안해야 한다.

**07 온도계** *Thermometer* 물 온도를 재는 도구. 디지털과 아날로그 두 종류가 있으며, 중간에 클립이 달려있어서 드립포트에 꽂을 수 있는 것도 있다.

**08 밀폐용기** *Container* 원두는 산소와 접촉하는 빈도가 늘어나면 내부의 가스가 빠지고 산패가 일어나 맛과 향이 떨어진다. 그러므로 포장을 뜯은 원두는 비닐에 넣어서 캔에 보관하거나 밀폐용기와 유리병에 담아 서늘한 곳에 두어야 한다.

**09 스틱** *Stick* 커피가루와 물을 섞을 때 쓰는 도구. 특별히 침출식 추출도구는 커피가루와 물이 잘 섞이게 교반하는 과정이 필요한데, 이때 스틱이 제 역할을 한다. 손에 쥔 채로 뜨거운 물에 담기기 때문에 대부분 플라스틱이나 나무 등 열전도율이 낮은 소재로 만든다.

**10 드립 스탠드** *Drip stand* 브루잉을 할 때 드리퍼를 올릴 수 있는 보조기구. 추출과정을 지켜볼 수 있다는 점이 재미있다. 손수 제작한 것을 사용하는 사람들도 있다.

## COLUMN

## 브루잉 핵심 가이드

이 책에서 소개하는 브루잉 레시피는 기본적으로 다음의 과정을 따른다.

### 01 린싱
린싱을 하면 필터에 남아있던 종이 냄새가 없어지고 커피 본연의 향만 남아 커피 맛이 더 깔끔해진다.

### 02 뜸들이기
뜸들이기는 본격적인 커피 추출에 앞서 뜨거운 물로 커피가루를 살짝 적시는 것으로, 커피성분이 어느 한쪽으로 치우치지 않고 골고루 추출될 수 있게 준비하는 과정이다. 커피성분의 30% 가량이 이때 추출되며, 대부분이 긍정적인 향미다. 로스팅 날짜가 가까울수록, 로스팅 단계가 높을수록 뜸들이기를 할 때 탄산가스가 많이 배출된다.

### 03 1차 물붓기
물줄기를 살짝 가늘게 해서 안에서 밖으로 천천히 돌린다.

### 04 2차 물붓기
물줄기를 아주 가늘게 해서 안에서 밖으로 좀 더 천천히 돌린다.

### 05 3차 물붓기
물줄기를 굵게 해서 안에서 밖으로 빠르게 돌린다.

---

*check point*

#### 물을 부을 때의 자세
물을 부을 때는 손목만 돌리지 말고 상체를 그대로 고정시킨 상태에서 팔 전체를 돌려야 물을 흐트러짐 없이 정확하게 부을 수 있다.

#### 큰 드리퍼를 사용하자
드리퍼의 사이즈가 너무 작으면 자칫 추출 도중에 물이 넘칠 수 있다. 또 물을 붓는 게 조심스러워지면서 물줄기는 가늘어지고 의도했던 것보다 커피 농도가 짙어진다. 특히 푸어오버 방식으로 커피를 추출할 때는 큰 드리퍼를 사용하는 것이 물줄기를 자유자재로 조절하기 편하고 오차도 적어서 안정적인 맛을 낼 수 있다.

#### 추출 후에 물을 섞어도 될까
커피에 물을 희석한다고 해서 무조건 나쁜 것은 아니므로 추출 양이 기준보다 적다면 모자란 만큼 기호에 따라 물을 부어 조절한다.

#### 추출도구를 사용한 후에는
가급적 중성세제 사용은 피하고 흐르는 물에 깨끗이 씻은 후 물기를 말려 건조한 곳에 보관한다.

BREWING LESSON

# 05
## MILD BREWING
마일드 브루잉

케멕스

# CHEMEX

언제나 부드러운 커피를 즐길 수 있는 추출도구

CHEMEX · LINE-UP

케멕스는 독일 출신의 화학자 피터 쉴럼봄Peter Schlumbohm이 발명한 커피추출 도구다. 초기 모델을 보면 유리로 된 본체의 허리 부분이 잘록하게 들어가 있고, 그 둘레에 손잡이 역할을 하는 나무 커버가 감싸져 있는데, 여기에 가죽 끈 장식이 달린 것까지 현재와 모습이 매우 비슷하다. 1941년 뉴욕에서 처음 소개된 후로 70년이 훌쩍 넘었지만 케멕스는 여전히 뛰어난 기능과 디자인으로 높이 평가받으며 뉴욕현대미술관 등 여러 곳에서 전시 중이다.

LINE-UP | 총 세 가지 모델이 있으며 사이즈도 다양하다.

### 01 핸드블로운

케멕스의 초기 모델과 가장 유사한 형태. 유리공예 장인이 손수 제작하기 때문에 가격이 비싸다. 언뜻 보면 클래식 모델과 똑같은 것 같지만 유리가 좀 더 두껍고 옅은 초록색 빛깔을 띈다. 클래식에 비해 주둥이 부분이 좀 더 둥글고 볼은 아래로 넓게 퍼져있다.

### 02 클래식

핸드블로운을 기성품으로 만들어 가격을 낮춘 모델. 핸드블로운과 디테일이 조금 다르긴 하지만 사용 방법이나 맛에 있어서는 뚜렷한 차이가 없다. 핸드블로운보다는 유리가 좀 더 얇고, 주둥이에 살짝 각이 져있으며, 볼은 아래가 좁은 형태다.

### 03 글라스 핸들

본체가 전부 유리로 되어있는데다 따로 가죽 끈 장식이나 나무 커버가 없어 외관이 더 깔끔하다. 측면에 손잡이가 달려있어 커피를 따르기에 한결 수월하다. 이 모델은 파손되지 않게 특별히 주의해야 한다.

3컵    6컵    8컵    10컵

---

*check point*

· 겉으로는 심플해 보이지만 사실 케멕스는 오랜 연구와 숱한 실험을 거쳐 과학적으로 설계된 도구다. 그만큼 오차를 최소한으로 줄였기 때문에 누가 어떻게 내려도 균일한 맛을 낼 수 있다.
· 드리퍼와 드립서버가 일체형인 단순한 구조이기 때문에 사용하고 보관하기에 편리하다.
· 케멕스 커피의 특징 중 가장 두드러지는 것이 바로 은은한 아로마와 마일드한 맛이다. 그만큼 커피 맛 자체가 워낙 가볍고 편안해 부담 없이 마실 수 있다.
· 풍성한 아로마가 특징인 아프리카 계열의 커피를 사용하면 케멕스의 장점을 효과적으로 표현할 수 있다.

MILD BREWING

CHEMEX · COMPONENT

**01 에어채널**
일반적인 드리퍼의 리브에 해당하는 부분으로 커피를 추출할 때 나오는 가스를 바깥으로 내보내 잡맛을 없애준다. 완성된 커피를 잔에 담을 때도 에어채널로 흘러나오기 때문에 편하게 부을 수 있다.

**02 손잡이**
케멕스는 본체가 유리로 돼있어서 뜨거운 물이나 커피를 담으면 손을 델 수 있다. 그래서 꼭 손잡이가 달려있고, 핸드블로운과 클래식 모델은 중간에 손잡이 대신 나무가 덧대져 있다.

**03 볼**
케멕스의 주요 소재인 유리는 미국 '코닝coning' 사의 내열유리인 파이렉스Pyrex 제품으로, 내구성이 뛰어나고 보온이 잘되며 환경 호르몬을 걱정할 필요가 없다. 볼의 아랫면은 흡사 디캔터decanter처럼 넓게 퍼져있어서 커피와 공기의 접촉면이 늘어나고 커피 향은 배가 된다. 또 본체가 모래시계 모양이라 가스를 빼고 남은 아로마를 잡아두기에 효과적이다. 때문에 케멕스는 커피를 추출한 다음 그대로 뚜껑만 덮어 두어도 향미를 어느 정도 보존할 수 있다. 볼 중간에 배꼽처럼 나와있는 버튼은 용량을 가늠하는 표시다.

**04 필터**
케멕스 전용 필터는 곡물 성분이 들어있어 다른 종이필터보다 좀 더 두껍고 무겁다. 덕분에 커피 향미에 나쁜 영향을 주는 미세한 잔여물을 거르고 좋은 성분만 추출한다. 케멕스로 추출한 커피가 환하고 깔끔한 맛이 나는 것도 그런 이유에서다. 또한 필터에 살짝 무게가 있기 때문에 붓는 물의 양이나 물줄기의 속도에 상관없이 너무 빠르지도, 느리지도 않게 일정한 추출 시간을 유지할 수 있으며 맛의 편차가 적고, 밸런스가 좋다. 곡물 성분 특유의 냄새가 날 수 있으므로 필터를 쓰기 전에는 린싱이 필수다. 본체 사이즈에 맞게 다양한 필터가 출시된 상태며, 종류에 따라서 접는 법이 조금씩 다르다. 색상은 표백 여부에 따라 화이트와 브라운 두 종류가 있다.

사각형 필터(화이트/브라운)

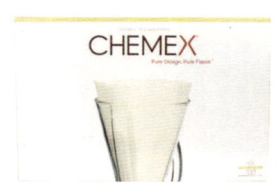

반달형 필터

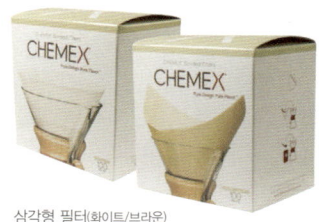

삼각형 필터(화이트/브라운)

## EQUIPMENT

케멕스 글라스 핸들 8컵 (CM-8GH)
케멕스 사각 화이트 필터 (FS-100)
물 300g
원두 21g
드립포트
잔

## CONDITION

- 로스팅 포인트 **미디엄**
- 분쇄도 3
- 물 온도 95℃

## RECIPE

**1** 필터를 접는다.

**2** 본체에 필터를 넣는다.
필터의 세 겹으로 접힌 부분이 에어 채널 쪽을 향하게 세팅한다. 그래야 추출 도중에 필터가 내려앉지 않으며, 배출구가 확보되어 볼 내부의 가스가 밖으로 잘 빠진다.

**3** 뜨거운 물로 필터를 헹군다.
이렇게 린싱을 해줘야 필터에 남은 종이 냄새가 없어져 케멕스 커피가 지닌 정갈한 매력이 잘 살아난다. 필터와 본체가 완전히 밀착되어서 외부로부터 들어오는 공기를 차단하기 때문에 본체를 예열하는 효과도 기대할 수 있다.

CHEMEX · RECIPE

4  헹구고 난 물을 버린다.
   에어채널로 물이 흘러나오게 손잡이를 잡고 본체를 옆으로 살짝 기울인다.

5  원두를 분쇄한다.

6  필터에 커피가루를 담는다.

7  물 50g을 골고루 붓고 30초 정도 뜸을 들인다.
   반드시 뜸을 들여야 한다는 법은 없지만 뜸들이기를 해서 커피가루를 뜨거운 물에 한번 불리면 커피성분의 추출이 활성화되고, 자연스레 커피의 농도가 진해진다. 원래 케멕스 커피는 물줄기가 끊어지지 않게 물을 한 번에 부어 산뜻하고 부드러운 맛을 극대화시키는 것이 핵심이다. 하지만 간단해 보이는 푸어오버 방식도 추출조건이 제대로 맞지 않으면 중간에 물이 고여서 커피 맛의 밸런스가 무너진다. 커피가 너무 빠른 속도로 빠져도 떫은맛이 나거나 물맛이 심한 싱거운 커피가 될 수 있다. 이러한 위험부담을 없애고자 사전에 뜸들이기로 커피성분이 골고루 나올 수 있는 상태를 만들어준다. 만약 농도가 더 연한 커피를 마시고 싶다면 뜸들이기는 생략해도 무방하다.

**8** 물 250g을 바깥에서 중심으로 원을 그려가며 편하게 붓는다.
커피가루 위로 약간의 간격을 두고, 물을 충분하게 채워준다는 느낌으로 붓는다. 중간에 물줄기가 끊어지지 않아야 하며, 커피가루를 골고루 적셔야 커피성분이 균일하게 추출되므로 푸어오버를 하되 틈틈이 지그재그로 붓는다.

**9** 커피가 전부 떨어질 때까지 기다리면 추출 완료.
추출을 마치고 커피찌꺼기를 보면 위쪽에 미분이 모여 있는 것을 알 수 있다. 이는 커피가루와 미분이 분리되어 매끄러운 감촉의 커피가 추출되었다는 뜻이다.

**10** 필터를 꺼낸다.
필터 양쪽 끝을 잡고 들어서 올린다.

## NOTICE

**1 물이 너무 오래 고여 있을 경우**
원두를 로스팅한 날짜가 꽤 흘렀거나 커피가루의 입자가 너무 가늘면 간혹 물이 고이는 현상이 발생한다. 푸어오버 방식은 물을 붓는 속도가 워낙에 빠르고, 한꺼번에 많은 양을 붓기 때문에 원래 물이 고이기 쉽다. 그나마 케멕스는 특성상 물이 고여도 균일한 맛을 내는 장점이 있기 때문에 크게 걱정할 필요가 없다. 이러한 현상이 심해지면 중심에서 커피성분의 과다추출이 일어날 수 있으니 추출변수를 바꾸는 것은 어떨까 싶다.

**2 커피의 농도를 높이고 싶다면**
케멕스 커피의 캐릭터가 영 밋밋하게 느껴진다면 물을 두세 번에 나눠 붓거나 아예 정드립을 하는 방법도 있다. 입자를 가늘게 조절하거나 커피가루의 양을 늘려도 되지만 자칫하면 변수 간에 균형이 깨져서 맛없는 커피가 될 수 있다. 우선은 본문에서 제시한 대로 물과 원두 양의 비율을 맞추고, 이후에 직접 맛을 보면서 여러 가지를 시도해보는 것이 좋겠다.

CHEMEX · RECIPE

**11** 본체를 다섯 번 정도 돌리며 디캔팅한다.
간혹 너무 약하게 로스팅된 원두를 사용하거나 다른 추출조건을 잘못 세팅하면 커피에서 떫은맛이 나기도 하는데, 케멕스를 전체적으로 잘 흔들어주면 떫은맛을 내는 탄닌 성분이 줄어 한층 맛있는 커피를 즐길 수 있다. 특히 로스팅을 한 지 얼마밖에 되지 않은 원두의 경우 가스가 많아서 자칫하면 커피의 촉감이 거칠어지는데, 이때 디캔팅을 통해 보다 부드러운 맛을 낼 수 있다. 케멕스는 작은 충격에도 잘 깨지기 때문에 디캔팅을 할 때는 어디 부딪히지 않게끔 각별히 조심해야 한다.

**12** 잔에 커피를 따른다.
기호에 따라 물을 더해서 희석한 후에 마셔도 된다.

## UPGRADE

**1 케멕스로 정드립을 하면?**
물을 50g, 100g, 100g, 50g씩 네 번에 나눠 정드립 방식으로 부으면 농도가 진하고 바디가 좋은 커피가 된다. 케멕스의 기준에서는 과다추출된 커피일 수 있지만 개인 취향의 문제이기 때문에 한번쯤 시도해봐도 괜찮다.

**2 아이스 커피 레시피**
물 200g, 원두 20g(분쇄도 3)을 위와 같은 방법으로 추출한다. 볼에 얼음을 채운 다음 추출하면 된다.

## TIP

케멕스 전용 청소 솔이 있긴 하지만 가격도 비싸고 굳이 구매할 필요가 없다. 대신 시중에서 판매하는 긴 브러쉬를 사용해도 된다. 클래식이나 핸드블로운 모델은 가죽 끈이 물에 닿으면 뻣뻣해질 수 있으므로 세척 전에 빼두는 것이 좋다.

콘

# KONE

커피의 바디를 살려주는 착한 반영구 필터

KONE · LINE-UP

콘은 미국 포틀랜드를 대표하는 로스터리 숍 중 하나인 '코아바 커피Coava coffee'의 자회사, '에이블Able' 사에서 개발한 스테인리스 소재의 반영구 필터다. 포틀랜드는 세계적인 친환경 도시로 꼽힐 만큼 시민들의 환경에 대한 관심이 굉장히 높으며, 콘 필터도 '환경보호'라는 비슷한 맥락에서 시작됐다. 매일 수천 장씩 버려지는 일회용 종이필터를 대신해 재사용이 가능한 콘 필터가 탄생한 것이다. 처음 출시된 후로 지금까지 크게 두 번의 수정 작업을 거쳐 현재는 3세대 제품이 나오고 있는 상태며, 1, 2세대까지는 코아바 커피와 에이블이 한 회사였을 때, 3세대는 에이블이 코아바 커피에서 독립한 후에 개발됐다. 3세대로 갈수록 필터의 추출구가 촘촘해서 이전 모델보다 텁텁한 맛이 적다.

LINE-UP | 콘 필터는 사이즈도 디자인도 한 가지 뿐이다.

1세대  2세대

**01 1,2세대**
에이블 사가 초기에 개발한 1, 2세대 필터는 현재 모델에 비해 추출구가 크고 모서리가 뾰족하다. 가장자리는 실리콘을 덧대지 않아 날카롭기 때문에 손이 다치지 않게 주의해야 한다. 현재는 단종되어 판매하지 않으며, 코아바 커피의 매장에서만 사용 중이다.

**02 3세대**
1세대보다 추출구가 촘촘하고 가장자리에 실리콘을 덧댄 형태. 기존의 모델은 모서리가 뾰족해서 추출도 더 빠르게 진행됐지만 3세대는 끝을 뭉툭하게 마무리해 추출 시간을 알맞게 조절하고, 맛은 한층 업그레이드했다. 시중에서 판매되고 있는 콘 필터는 대부분 3세대 필터다.

---

*check point*

· 콘 필터는 케멕스를 비롯해 고노와 하리오 같은 원뿔형 드리퍼에도 활용할 수 있다.
· 케멕스를 염두에 두고 개발한 필터인 만큼 케멕스 크기에 최적화돼 있으며, 케멕스 전용 필터는 가격이 워낙 비싸서 미국에는 콘 필터를 선호하는 사람이 많다.
· 금속 재질로 되어 있어서 커피오일을 거르지 않고 그대로 추출한다. 덕분에 커피의 매끈한 감촉과 풍부한 향미를 느낄 수 있다.
· 커피 본연의 맛을 느끼기에 좋지만 추출구가 아무리 촘촘해도 미분이 발생하기 때문에 다소 텁텁한 느낌이 있다.
· 종이필터의 대안으로 발명되기는 했지만 대용품이라기에는 콘 필터로 내린 커피와 종이필터로 내린 커피가 맛이 확연히 다르다.

### 01 테두리

실리콘이 둘러져 있어 사용할 때 안전하다.

### 02 추출구

정교하게 타공된 추출구가 미분이 과다추출되는 것을 방지하지만 종이필터나 융필터에 비해서는 상대적으로 미분이 많기 때문에 부드러운 맛은 조금 약하다.

### 03 모서리

모서리가 무뎌 손을 다칠 위험이 낮다. 1세대 필터는 모서리가 뾰족해서 물이 빠지는 속도도 빠른 편이었는데 3세대 필터는 모서리를 뭉툭하게 마무리해서 추출속도를 적정 수준으로 조절했고, 덕분에 맛의 균형이 더욱 좋아졌다.

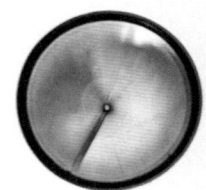

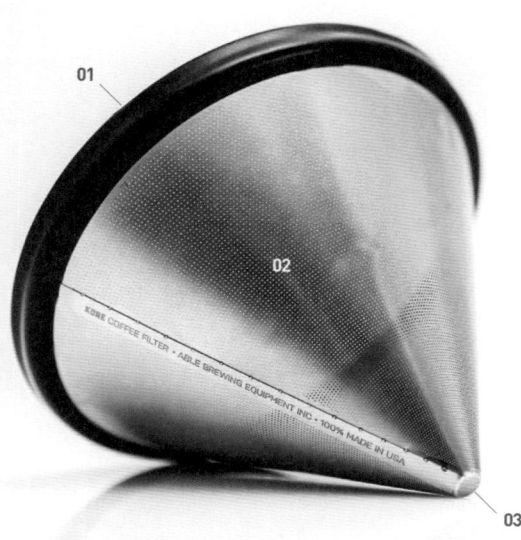

KONE · COMPONENT

## EQUIPMENT

케멕스 글라스 핸들 8컵 (CM-8GH)
에이블 콘 필터
물 300g
원두 20g
드립포트
잔

## CONDITION

- 로스팅 포인트 **미디엄**
- 분쇄도 2
- 물 온도 95℃

## RECIPE

**1** 케멕스에 콘 필터를 넣는다.

**2** 뜨거운 물로 필터를 헹군다.

**3** 헹구고 난 물을 버린다.

**4** 원두를 분쇄한다.

**5** 필터에 커피가루를 담는다.

**6** 물 50g을 골고루 붓고 30초 정도 뜸을 들인다.

**7** 물 250g을 중심에서 바깥 방향으로 원을 그려가며 편하게 붓는다.

**8** 커피가 전부 떨어질 때까지 기다리면 추출 완료.

**9** 필터를 꺼낸다.

**10** 잔에 커피를 따른다.
  추출이 끝나면 케멕스를 흔들지 말고 잠깐만 기다렸다가 미분이 가라앉으면 그때 커피를 따른다. 만약 여럿이 나눠 마셔야 한다면 전부 섞어서 따른 후 미분이 가라앉을 때까지 기다렸다 마지막 한 모금을 남기고 마신다.

MILD BREWING

KONE · RECIPE

---
TIP

**커피 맛이 날카롭게 느껴지면**
콘 필터는 커피가루의 입자가 레시피보다 가늘면 커피성분이 과다하게 추출되어서 맛의 균형이 깨지고, 금속 소재의 영향을 받아 맛이 날카롭게 느껴질 가능성이 있다. 이럴 때는 입자를 조금 굵게 조정한다.

칼리타

# KALITA

깊고 진한 정통 일본식 핸드드립 커피에 제격

KALITA · LINE-UP

일본 '칼리타Kalita' 사의 드리퍼로 핸드드립 커피를 추출할 때 가장 많이 사용하는 드리퍼 중 하나다. 반침지식, 반여과식 드리퍼라 침지식의 장점인 묵직한 쓴맛과 여과식의 장점인 부드러운 맛을 조화롭게 느낄 수 있다. 본체의 형태와 추출구, 리브 등의 구조가 커피의 향미를 풍부하고 일정하게 끌어내며, 추출속도를 적당하게 유지해주기 때문에 초보자가 사용하기에도 적절하다. 같은 모양에 재질만 다른 모델들이 다양하게 출시돼 있어서 선택의 폭이 넓다.

LINE-UP | 칼리타 시리즈는 재질에 따라 플라스틱, 세라믹, 동 등으로 나뉘며, 각 모델별로 사이즈와 디자인이 조금씩 다르다. 사이즈는 1~2인용인 '101', 2~4인용인 '102' 두 가지가 있으며, 플라스틱 소재에 한해서 4~7인용인 '103', 7~12인용인 '104' 사이즈도 판매한다.

### 01 플라스틱

가장 기본적인 모델. 저렴한 가격과 가벼운 무게 덕분에 브루잉에 입문하는 사람도 부담 없이 구매할 수 있다. 하지만 내구성이 약해서 떨어뜨리면 부서질 위험이 있다. 시간이 흐르면 착색이 되거나 갈라짐이 생기기 때문에 주기적으로 제품을 교체해주는 것이 좋다.

### 02 세라믹

도자기 재질인 세라믹은 보온이 잘돼서 한번 예열하면 커피를 추출하는 내내 온도가 떨어지지 않으므로 커피의 풍부한 향미를 온전하게 살릴 수 있다. 세라믹 특유의 두툼한 두께와 우아한 곡선이 멋스럽지만 무게가 무겁고 깨질 위험이 높다. 사용하기 전에는 예열하는 것이 좋다.

### 03 동

칼리타 시리즈 중에서 가장 고가인 모델. 그만큼 칼리타 드리퍼 본연의 깊은 맛을 끌어내는 데 최적화되었다. 세라믹 소재와 마찬가지로 열전도율과 보온성이 좋아서 커피를 추출하는 동안에 외부로 열을 쉽게 뺏기지 않는다. 추출 직후에 드리퍼를 만지면 화상을 입을 위험이 있어 각별한 주의가 필요하다. 물기에 민감한 동은 잘못하면 금방 녹슬기 때문에 추출이 끝나면 곧바로 마른 수건으로 닦아주는 것이 드리퍼를 오랫동안 깨끗하게 쓰는 방법이다.

---

### *check point*

- 칼리타 드리퍼는 추출구가 세 개나 있지만 구멍 크기가 작은 편이라 추출속도가 어느 정도 제어된다. 또 커피가 평평한 드리퍼 바닥에 모였다 빠져나가기 때문에 전체적으로 과소추출의 위험이 적고 일정한 맛을 낼 수 있다.

### 01 본체
칼리타 드리퍼의 본체는 사다리꼴이며 바닥에 추출구 세 개가 일정한 간격을 두고 뚫려 있다. 측면은 경사가 완만하고 둥근 느낌이다. 평평한 바닥과 작은 추출구가 추출속도를 조절해준다.

### 02 리브
칼리타 드리퍼는 리브가 본체 양쪽의 넓은 면에만 새겨져 있다. 9개의 리브가 촘촘하게 들어선 데다가 위아래로 길게 뻗어있어 물이 적당한 속도로 빠질 수 있다.

### 03 손잡이
보통 칼리타 시리즈는 손잡이가 본체와 같은 재질로 되어 있지만 동은 추출 과정에서 드리퍼가 매우 뜨거워져 맨손으로 만지면 화상을 입을 수 있기 때문에 손잡이 부분에 플라스틱을 덧댔다.

### 04 필터
칼리타 필터는 종이 재질로 되어 있으며, 드리퍼 규격에 따라서 '101', '102', '103', '104' 등이 있다. 색상은 표백 여부에 따라 갈색과 하얀색으로 나뉜다. 필터는 옆선과 아랫선을 반대 방향으로 접는다.

KALITA · COMPONENT

## EQUIPMENT

칼리타 동 드리퍼 (CU-101)
칼리타 브라운 필터 101
물 300g
원두 20g
드립포트
드립서버
잔

## CONDITION

- 로스팅 포인트 **미디엄**
- 분쇄도 **5**
- 물 온도 **95℃**

## RECIPE

**1** 필터를 접는다.

**2** 드리퍼에 필터를 넣는다.

**3** 뜨거운 물로 필터를 헹군다.

**4** 헹구고 난 물을 버린다.

5 원두를 분쇄한다.

6 필터에 커피가루를 담는다.
커피가루를 담은 후에는 드리퍼 옆을 툭툭 쳐서 높이를 평평하게 맞춰야 물을 고르게 적실 수 있다.

7 물 45g을 골고루 붓고 30초 정도 뜸을 들인다.

8 물 100g을 가는 물줄기로 안에서 밖으로 천천히 돌려가며 붓는다.

9 물 100g을 아주 가는 물줄기로 안에서 밖으로 좀 더 천천히 돌려가며 붓는다.

10 물 50g을 굵은 물줄기로 안에서 밖으로 빠르게 돌려가며 붓는다.

KALITA · RECIPE

11 커피가 전부 떨어질 때까지 기다리면 추출 완료.

12 필터를 꺼낸다.

13 잔에 커피를 따른다.

## NOTICE

### 물줄기는 너무 가늘지 않게

칼리타 드리퍼의 특성상 커피의 쓴맛이 도드라지기 때문에 물을 너무 가늘게 부으면 쓴맛이 배가 되어 커피 맛의 밸런스가 깨질 수 있다. 특히 드리퍼 사이즈가 작으면 물을 붓는 게 조심스러워지면서 물줄기가 가늘게 되는 경향이 있다. 만약 밸런스가 좋은 커피를 마시고 싶다면 물줄기를 약간 굵게 조절하고, 큰 드리퍼를 사용해서 의도적으로 과소추출을 유도하는 것도 나쁘지 않다.

## TIP

### 칼리타와 하리오는 무엇이 다를까?

칼리타와 하리오는 사람들이 가장 많이 사용하는 추출도구다. 둘 다 일본에서 발명되긴 했지만 나라별로 선호하는 농도가 다르다 보니 커피의 향과 산미를 즐기는 미국에서는 하리오가, 깊고 진한 커피 맛을 좋아하는 일본에서는 칼리타가 높은 인기를 누리고 있다. 그래서 라이트 로스팅된 원두는 하리오가, 다크 로스팅된 원두는 칼리타가 잘 어울린다는 공식이 생기기도 했는데, 이 점을 염두에 두고 추출도구를 선택하면 보다 만족스러운 결과를 얻을 수 있다.

칼리타 웨이브

## KALITA WAVE

커피의 단맛, 신맛, 쓴맛의 조화가 매력적인 드리퍼

KALITA WAVE · LINE-UP

칼리타의 웨이브 시리즈는 기존의 드리퍼와 완전히 다른 새로운 형태의 드리퍼다. 드리퍼의 리브는 물론이고, 바닥과 추출구의 모양도 특별하며 전용 종이필터도 있다. 또 하나의 특징은 이전까지 일렬로 뚫려있던 칼리타 드리퍼의 추출구 3개가 삼각형 구도로 나 있다는 점이다. 이러한 장치 덕분에 누구나 별다른 테크닉 없이도 부드럽고 밸런스 있는 커피를 내릴 수 있다. 매년 전 세계 바리스타들이 모여 커피 브루잉 실력을 겨루는 대회인 월드브루어스컵World Brewer's Cup에서 바리스타들이 선보인 후로 더 화제가 됐다.

LINE-UP | 웨이브 시리즈는 재질에 따라 스테인리스, 세라믹, 글라스 등으로 나뉘며, 각 모델별로 디자인과 사이즈가 조금씩 다르다.

**01 스테인리스**

스테인리스와 가로줄 무늬가 깔끔하고 세련된 인상을 준다. 스테인리스의 특성상 색깔이 변할 염려가 없고 튼튼해 수명이 반영구적이다. 열전도율도 뛰어나서 예열하지 않고 바로 써도 된다. 색상은 하나며, 사이즈는 1~2인용과 2~4인용이 있다.

**02 세라믹**

세라믹 소재가 멋스러운 느낌을 연출하며 보온력도 우수하다. 화이트 색상 하나만 출시되었으며, 사이즈도 1~2인용 한 가지뿐이다.

**03 글라스**

글라스 모델은 일부가 내열유리로 되어있으며 외부 충격에 약해 조심해서 사용해야 한다. 또한 본체와 아래쪽의 홀더가 분리되기 때문에 추출이 끝나고 커피찌꺼기를 버릴 때 드리퍼를 함부로 뒤집으면 안 된다. 다른 시리즈와 겉모습은 비슷하지만 안을 들여다보면 리브와 웨이브 존이 없다. 사이즈는 1~2인용과 2~4인용이 있고, 색상은 블랙과 체리핑크, 민트블루, 망고 옐로우 이렇게 네 가지가 갖춰져 있다.

---

*check point*

- 웨이브만의 독특한 구조와 추출원리는 푸어오버 방식으로 커피를 잘못 내렸을 때 생기는 과소추출 문제를 보완했다.
- 추출과정에 영향을 주는 변수를 최소화했기 때문에 큰 편차 없이 안정적인 맛을 낼 수 있다.
- 칼리타의 다른 시리즈에 비해 상대적으로 가벼운 맛의 커피를 내릴 수 있다.
- 가격대는 약간 높은 편이지만 추출방법이 간단해서 초보자가 쓰기에 더할 나위 없이 좋다.

MILD BREWING

KALITA WAVE · COMPONENT

### 01 본체

리브가 세로로 나 있는 일반적인 드리퍼와 달리 웨이브는 리브가 가로로 새겨져서 물이 빠지는 속도를 적당하게 맞추는 역할을 한다. 드리퍼 바깥의 무늬는 별개의 디자인적 요소일 뿐이고, 리브 역할을 하진 않는다. 또한 출구 3개가 삼각형 구도로 뚫려 있고, 바닥이 평탄하기 때문에 커피가루를 균일한 높이로 담을 수 있다. 그래서 물을 부었을 때도 물이 한쪽으로 치우치지 않고 여러 방향으로 고루 스며든다. 웨이브로 추출했을 때 유독 속도가 빠르고, 맛의 편차가 적은 것도 이런 이유에서다. 또한 바닥의 Y자로 돌출된 부분은 일명 '웨이브 존'을 형성한다.

\* 웨이브 존wave zone이란?
드리퍼 바닥의 Y자 돌기로 인해 필터와 드리퍼 사이에 생기는 간격을 뜻한다. 때문에 필터를 통과한 커피는 드립서버로 곧장 빠지지 않고 웨이브 존에서 섞인 후 나가게 된다. 커피가 웨이브 존에 고여 있는 동안 커피성분이 좀 더 빠져나오기 때문에 과소추출을 막기에 효과적이며 안정적인 추출을 도와준다.

### 02 손잡이

열전도율이 좋은 스테인리스 소재이기 때문에 손잡이에 플라스틱을 덧대서 만졌을 때 뜨겁지 않도록 했다.

### 03 홀더

드립서버에 드리퍼를 걸칠 수 있게 받쳐주는 부분을 말한다.

### 04 필터

웨이브 시리즈에는 전용 종이필터를 사용한다. 종이 재질로 되어 있으며, 드리퍼 규격에 따라서 두 가지 크기가 있다. 색상은 표백 여부에 따라 갈색과 하얀색으로 나뉜다. 필터에는 20개의 세로 주름이 나 있는데, 이 지그재그 모양의 주름이 미분을 걸러내 커피를 부드럽게 만든다.

## EQUIPMENT

칼리타 웨이브 스테인리스 드리퍼 185
칼리타 웨이브 브라운 필터 185
물 300g
원두 20g
드립포트
드립서버
잔

## CONDITION

- 로스팅 포인트 **미디엄**
- 분쇄도 **5**
- 물 온도 **95℃**

## RECIPE

**1** 드리퍼에 필터를 넣는다.
웨이브 필터는 한 뭉치로 되어있기 때문에 뒤쪽부터 꺼내써야 주름이 덜 생긴다.

**2** 뜨거운 물로 필터를 헹군다.
필터의 주름이 완전히 펴지지 않게 조심히 부어야 한다. 리브 역할을 하는 주름인데 모양이 망가지면 맛에도 영향을 줄 수 있기 때문이다.

**3** 헹구고 난 물을 버린다.

**4** 원두를 분쇄한다.

MILD BREWING

KALITA WAVE · RECIPE

5 필터에 커피가루를 담는다.
커피가루를 담은 후에는 드리퍼 옆을 툭툭 쳐서 높이를 평평하게 맞춰야 물을 고르게 적실 수 있다.

6 물 40g을 골고루 붓고 30초 정도 뜸을 들인다.

7 물 150g을 가는 물줄기로 안에서 밖으로 천천히 돌려가며 붓는다.
이때 물이 필터에 닿으면 추출속도가 빨라지고 과소추출될 가능성이 있으므로 주의한다.

8 커피가루가 부풀어 오르면 물 50g을 굵은 물줄기로 빠르게 돌려가며 붓는다.

9 물 60g을 안에서 밖으로 천천히 돌려가며 붓는다.

10 커피가 전부 떨어질 때까지 기다리면 추출 완료.

**11** 필터를 꺼낸다.   **12** 잔에 커피를 따른다.

## NOTICE

푸어오버 방식으로 내리는 레시피이기 때문에 가능한 큰 드리퍼를 사용하는 것이 낫다.

MILD BREWING

KALITA WAVE · RECIPE

UPGRADE

**진한 커피가 좋다면**
위의 레시피는 커피를 푸어오버 방식으로 추출할 것이라서 맛이 다소 연하게 느껴질 수도 있다. 이때는 커피가루의 입자를 좀 더 가늘게 조절하거나 분량을 늘린다. 정드립으로 물을 조금씩 여러 번 나눠 붓는 방법도 있다.

고노

# KONO

커피의 중후한 향과 감칠맛을 살린 추출도구

1925년 일본에서 최초로 사이폰을 선보인 '커피사이폰 주식회사'가 개발한 드리퍼. 원뿔 모양에 리브가 짧고, 본체의 경사는 가파르며 하나밖에 없는 추출구는 크기가 큰 편이다. 이러한 형태 때문에 고노는 추출속도가 빠르고 커피성분을 제대로 뽑아내기 어렵다는 단점이 있다. 그래서 고노는 일반적인 브루잉과 달리 점드립 방식으로 물을 붓는다. 점드립은 물을 일정한 시간 간격을 두고 조금씩 붓는 것을 말한다. 이 방법은 커피가루를 가운데부터 천천히 적시기 때문에 물이 중앙으로 집중되어 깊고 진한 커피 맛을 낼 수 있다. 하지만 고노는 본체의 깊이가 깊어서 커피가루의 층이 두꺼운 한편, 물이 빠르게 빠지는 구조라서 자칫하면 맛의 편차가 커질 수 있으므로 추출할 때 더 신경을 써야 한다.

LINE-UP | 고노의 대표 모델인 메이몬은 크기에 따라서 1~2인용과 3~4인용이 있으며 투명 외에도 레드, 핑크, 옐로우, 블랙, 화이트 등 다양한 색상이 있다.

---

### *check point*

· 커피가 가진 중후한 향과 감칠맛을 살릴 수 있다.
· 고노로 내린 커피는 그만의 개성이 뚜렷하다.
· 고노 드리퍼에 최적화된 점드립 방식은 일본의 장인정신이 반영된 추출법이다.

### 01 본체
하리오와 유사한 원뿔 모양을 하고 있다. 본체의 경사가 가파르고 추출구도 커서 커피가 중앙으로 잘 모인다.

### 02 리브
고노의 리브는 길이가 짧고 일자로 되어 있으며, 개수가 적고 간격은 넓다. 리브는 필터와 드리퍼 사이에 틈을 만들어 물이 흐를 수 있게 통로 역할을 한다. 고노의 경우 다른 드리퍼에 비해 리브가 짧고 개수는 적어서, 위쪽은 물이 고이고 아래쪽만 추출이 이뤄진다.

### 03 필터
고노 필터는 드리퍼와 동일한 원뿔형이다. 색상으로는 표백한 화이트와 무표백한 브라운 두 가지가 있지만 맛에 있어서는 별반 차이가 나지 않으니 아무거나 사용해도 된다. 접는 선은 측면에 있는 것이 전부라 실선을 따라서 한 번만 접으면 된다.

KONO · COMPONENT

## EQUIPMENT

고노 메이몬 드리퍼 (MD-21)
고노 브라운 필터 (MD-25)
물 300g
원두 20g
드립포트
드립서버
잔

## CONDITION

- 로스팅 포인트 미디엄
- 분쇄도 5
- 물 온도 96℃

## RECIPE

1 필터를 접는다.

2 드리퍼에 필터를 넣는다.

3 뜨거운 물로 필터를 헹군다.

4 헹구고 난 물을 버린다.

**5** 원두를 분쇄한다.

**6** 필터에 커피가루를 담는다.
커피가루를 담은 후에는 드리퍼 옆을 툭툭 쳐서 평평하게 맞춰야 물을 고르게 적실 수 있다.

**7** 뾰족한 도구를 이용해 커피가루 가운데에 살짝 홈을 판다.
원추형의 특성상 중앙으로 갈수록 커피가루의 층이 깊고 밀도가 높아서 추출에 편차가 생길 수 있다. 때문에 홈을 파서 물길을 만들어준다.

**8** 물 30g을 골고루 붓고 30초 정도 뜸을 들인다.

**9** 물 270g을 한 방울씩 떨어뜨리는 것처럼 일정한 속도로 나누어 붓는다.
중간중간 원두가 부풀어오르는 모습을 확인하며 물 양을 조금씩 늘려야 커피가루의 밀도가 높은 가운데 부분부터 가장자리까지 골고루 물이 스미고, 커피성분이 균일하게 추출되어 과다추출로 인해 잡맛이 나오는 것을 막을 수 있다.

KONO · RECIPE

10 커피가 전부 떨어질 때까지 기다리면 추출 완료.

11 필터를 꺼낸다.

12 잔에 커피를 따른다.

TIP

1 드립포트는 주둥이가 가늘고 좁은 것으로
    주둥이가 가늘고 좁은 드립포트가 점드립을 하기에 좋다. 주둥이가 굵고 넓으면 물줄기를 원하는 대로 조절하기가 쉽지 않다.

2 직화식으로 풀시티 로스팅한 원두를 사용하면 고노의 캐릭터를 더 살릴 수 있다

하리오 V60

# HARIO V60

커피의 풍부한 향이 돋보이는 추출도구

# HARIO V60 · LINE-UP

하리오 드리퍼의 대표 모델인 V60은 드리퍼 각도가 '60도'라고 해서 붙은 이름이다. 60도로 된 경사를 비롯해 커피성분을 아래로 끌어내리는 데 효과적인 원뿔 모양의 본체와 큰 추출구 덕분에 V60은 커피의 깔끔하고 풍부한 향미를 잘 표현한다. 특히 V60은 라이트 로스팅한 원두를 연하게 내려 마시는 것을 선호하는 미국의 스페셜티 카페들을 중심으로 소비되며 유명세를 탔고, 각종 커피 브루잉 대회의 챔피언들이 사용하면서 많은 인기를 얻었다.

**LINE-UP** | V60 시리즈는 재질에 따라 글라스, 플라스틱, 세라믹, 동, 스테인리스로 나뉜다. 사이즈는 1~2인용과 2~4인용이 있고, 4인용 이상의 제품은 글라스와 플라스틱 모델에만 있다.

### 01 글라스
내열유리 재질이기 때문에 뜨거운 물을 부어도 쉽게 금이 가지 않고, 커피가 추출되는 과정을 직접 볼 수 있다. 본체와 홀더가 분리되어 세척이 편리하며, 드립 스탠드에 본체만 올려 사용할 수도 있다.

### 02 플라스틱
V60의 기본 모델이며 가볍고 저렴해 브루잉을 처음 시작하는 초보자가 부담 없이 구입하기 좋다. 레드, 브라운, 화이트 등 색상도 여러 가지다. 플라스틱 소재다보니 열전도율이 낮아서 추출 도중에 외부 온도에 의해 커피가 식을 염려가 있다.

### 03 세라믹
도자기 재질로 제작된 드리퍼. 추출 전에 뜨거운 물로 한번 예열하는 것이 좋다. 보온성이 좋아서 추출 중에도 온도를 유지할 수 있다. 세라믹 소재 특유의 묵직함과 고급스러움이 느껴진다.

### 04 동
동 재질의 특성상 열전도율은 가장 뛰어나지만 가격이 비싸고 녹슬지 않게 세심히 관리해야 하는 번거로움이 있다. 뜨거운 물을 부으면 금방 뜨거워지기 때문에 만졌을 때 화상을 입지 않도록 조심해야 한다. 드리퍼를 쓰고 나면 되도록 빨리 흐르는 물에 씻고 물기를 닦아서 보관해야 녹슬지 않는다.

### 05 스테인리스
가장 최근에 출시된 스테인리스 재질의 드리퍼. 동 드리퍼와 성질은 비슷하지만 금방 녹슬지 않아 상대적으로 관리하기 쉽다는 것이 장점이다. 블랙, 브라운, 실버 세 가지 색깔이 있으며, 본체와 홀더 분리가 가능하다. 무겁지 않고 물에도 강해 아웃도어용으로도 적합하다.

> **check point**
> · V60만의 구조와 추출원리로 인해 추출속도가 비교적 빠르다. 그래서 추출변수를 적절히 조절하지 않으면 과소추출이 일어나 연하고 떫은 커피가 될 수 있다.

## 01 본체

커피성분이 원활하게 빠져나갈 수 있게 원추형으로 제작되었다. 추출구는 하나밖에 없지만 크기가 커서 다른 드리퍼에 비해 물이 빠지는 속도가 월등히 빠르다.

## 02 리브

드리퍼 안쪽을 길게 감싸고 있는 나선형 리브는 물과 가스가 잘 빠질 수 있게 돕는다.

## 03 홀더

드립서버에 드리퍼를 걸칠 수 있게 받쳐주는 부분을 말한다. 글라스와 스테인리스 모델을 제외하고는 전부 본체와 홀더가 일체형이다. 글라스 모델의 경우 손잡이가 홀더와 연결되어 있으며, 나머지 모델은 전부 본체와 같은 재질의 손잡이가 달려있다.

## 04 필터

V60에는 전용 종이필터를 사용한다. 드리퍼와 같은 원뿔 모양으로, 색상은 표백 여부에 따라 갈색과 하얀색으로 나뉜다. 원추형이라 접는 선도 측면에 있는 하나가 전부이며, 실선을 따라서 한 번만 접으면 된다.

HARIO V60 · COMPONENT

## EQUIPMENT

하리오 V60 글라스 드리퍼 (VDC-01R)
하리오 V60 화이트 필터 (01M)
물 290g
원두 18g
드립포트
드립서버
잔

## CONDITION

- 로스팅 포인트 **미디엄**
- 분쇄도 **4**
- 물 온도 **96℃**

## RECIPE

**1** 필터를 접는다.
필터가 드리퍼에 잘 밀착되게 하려면 모서리 부분을 살짝 접어준다.

**2** 드리퍼에 필터를 넣는다.

**3** 뜨거운 물로 필터를 헹군다.

**4** 헹구고 난 물을 버린다.

5 원두를 분쇄한다.

6 필터에 커피가루를 담는다.
커피가루를 담은 후에는 드리퍼 옆을 톡톡 쳐서 높이를 평평하게 맞춰야 물을 고르게 적실 수 있다.

7 물 30g을 골고루 붓고 30초 정도 뜸을 들인다.

8 물 260g을 중심에서 바깥으로 원을 그려가며 편하게 붓는다.

9 커피가 전부 떨어질 때까지 기다리면 추출 완료.

10 필터를 꺼낸다.

MILD BREWING

HARIO V60 · RECIPE

**11** 잔에 커피를 따른다.

## UPGRADE

### 하리오로 정드립을 하면?

하리오로 정드립을 하면 부드러운 맛은 줄어들지 몰라도 커피의 캐릭터가 보다 명확해지고 바디와 쓴맛이 상승하면서 밸런스가 좋아진다. 정드립은 푸어오버와 비교했을 때 추출조건과 과정은 동일하지만 물을 붓는 방식이 약간 다르다. 정드립 레시피는 뜸들이기 후 물 260g을 세 번에 걸쳐 약 20초 간격으로 붓는다.

**1차** 물줄기를 살짝 가늘게 해서 안에서 밖으로 천천히 돌린다.

**2차** 물줄기를 아주 가늘게 해서 안에서 밖으로 좀 더 천천히 돌린다.

**3차** 물줄기를 굵게 해서 안에서 밖으로 빠르게 돌린다.

클레버

# CLEVER

딱 알맞은 농도의 부드러운 커피를 내리는 영리한 추출도구

CLEVER · LINE-UP

클레버는 일반적인 핸드드립 드리퍼와 프렌치프레스의 장점만 모아 만든 것으로, 이름도 '영리하다'는 뜻의 클레버라고 지었다. 대만에서 처음 발명되어 현재는 한국과 영국, 미국 등 전 세계 10여 개국의 특허를 받았다. 프렌치프레스처럼 커피가루를 뜨거운 물에 우리는 방식이지만 종이필터로 커피만 걸러내기 때문에 핸드드립과 유사하다고 볼 수 있다. 덕분에 미분이 적으며 맛도 텁텁하지 않고 깔끔하다. 필터를 쓰긴 하지만 기본적으로 우리는 과정을 거치기 때문에 커피의 깊고 진한 풍미가 잘 살아난다. 사용법이 간편하고 맛의 변수가 적어, 특별한 기술 없이 균일한 맛을 낼 수 있다.

LINE-UP | 사이즈는 1~2인용과 2~3인용 두 가지가 있으며, 브라운, 투명, 그레이, 레드, 화이트, 블랙 등 여러 가지의 색상이 있다.

*check point*

- 커피가루를 물에 우려 향미를 충분하게 뽑아내는 동시에 필터를 사용해 미분을 줄이고 깔끔한 맛을 높였다.
- 딱히 추출방법이라고 할 게 없다. 커피가루와 물을 넣고 기다렸다가 잔에 올려 커피를 받으면 끝.
- 물은 한번에 부으면 그만이다. 물줄기 모양이나 속도를 맞춰야 할 필요도 없다.
- 추출방법이 단순한 만큼 맛의 편차가 거의 없다.

## 01 본체

클레버는 '트라이탄tritan 수지'라는 소재로 만들어져 고열에도 '비스페놀bisphenol-A, 플라스틱에 들어있는 화학물질'이 검출되지 않고 안전하다. 이에 미국 식품의약국으로부터 '비피에이프리|bpa free' 인증도 받았다. 이는 제품 상단에 부착된 마크로 확인할 수 있다. 서버로는 클레버의 아랫지름 사이즈에 따라 알맞은 잔을 사용한다.

## 02 뚜껑

흔히 '코스터coaster'라고 하는 이 뚜껑은 추출이 이루어지는 동안 커피가 식지 않도록 열을 지키는 역할을 한다.

## 03 패킹

클레버의 가장 큰 특징 중 하나가 바닥의 실리콘 패킹이다. 이 패킹은 평평한 곳에 두었을 때는 닫혀 있다 서버에 올리면 추출구가 열리면서 물이 빠져나오게 된다.

## 04 필터

클레버는 별도의 전용 필터가 없기 때문에 기존에 출시된 사다리 모양의 종이필터 중 사이즈가 맞는 것을 쓰면 된다. 필터는 옆선과 아랫선을 반대 방향으로 접는다.

CLEVER · COMPONENT

## EQUIPMENT

클레버 1~2인용
칼리타 브라운 필터 102
물 250g
원두 25g
드립포트
스틱
잔

## CONDITION

- 로스팅 포인트 **미디엄**
- 분쇄도 5
- 물 온도 93℃

## RECIPE

**1** 필터를 접는다.

**2** 드리퍼에 필터를 넣는다.

**3** 뜨거운 물로 필터를 헹군다.
클레버는 커피가 우려지는 동안 종이 필터의 안 좋은 성분이 같이 빠져나올 수 있으므로 사전에 반드시 린싱을 해서 필터를 한번 헹궈야 한다. 그러면 필터의 종이 냄새가 없어져 커피 본연의 향미를 더 잘 느낄 수 있다.

**4** 헹구고 난 물을 버린다.

**5** 원두를 분쇄한다.

**6** 필터에 커피가루를 담는다.
커피가루를 담은 후에는 드리퍼 옆을 툭툭 쳐서 높이를 평평하게 맞춰야 물을 고르게 적실 수 있다.

**7** 물 50g을 골고루 붓고 30초 정도 뜸을 들인다.

**8** 물 50g을 붓고 스틱을 이용해 양옆으로 5번 정도 섞는다.
스틱으로 커피와 물을 충분히 섞어줘야 커피성분이 잘 빠져나오고 미분도 어느 정도 섞여서 맛의 균형이 잡힌다. 클레버가 지향하는 커피가 프렌치프레스와 핸드드립의 중간이라는 점에서 봤을 때도 미분은 적당히 있는 게 좋다. 스틱을 너무 깊숙이 저으면 종이가 손상될 수 있으니 필터에 닿지 않도록 한다.

CLEVER · RECIPE

9  물 150g을 편하게 붓는다.
   커피가루와 물이 잘 섞이게 부으면 된다.

10  뚜껑을 덮는다.

11  바로 잔에 올려 커피가 전부 떨어질 때까지 기다리면 추출완료.

12  필터를 꺼낸다.

## UPGRADE

**더 깊이 있는 맛을 원할 때**

커피의 풍부한 향미와 묵직한 바디에 중점을 두고 추출할 생각이라면 필터에 커피가루를 담고 물을 전부 부은 후 뚜껑을 덮고 그대로 3분 정도 기다린다. 바디가 좋은 원두는 좀 더 길게 우려서 진하게, 향기가 좋은 원두는 짧게 우려서 최대한 향을 머금은 상태로 마시는 것이 좋다.

융

# NEL

바디가 좋은 커피를 원하는 이들에게 알맞은 추출도구

NEL · LINE-UP

융 드리퍼는 '플란넬flannel'이라는 천을 이용해 만든 추출도구로, 주로 커피의 진한 풍미를 선호하는 일본에서 애용한다. 융필터는 원뿔 모양에 한쪽은 직모, 다른 한쪽은 기모로 되어 있어서 양면의 질감이 다르다. 기모는 리브 역할을 하며, 보온력을 높이는 기능이 있다. 필터를 관리하기가 까다롭다는 단점이 있긴 하지만 커피의 오일 성분을 그대로 추출하기 때문에 부드러운 촉감을 느낄 수 있다. 특히 기모를 안쪽에 두고 커피를 내리면 미분을 잘 거를 수 있고, 바깥에 두고 커피를 내리면 여러 성분이 균형 있게 추출된다.

LINE-UP | 융 드리퍼의 핵심인 필터는 제조사들 모두가 100% 면 재질의 제품을 내놓고 있으며, 업체별로 추구하는 맛에 따라 모양과 사이즈 등이 조금씩 다르다. 또한 드리퍼를 거치해둘 수 있는 전용 드립서버가 있는 모델도, 없는 모델도 있다.

**01 하리오**
손잡이가 나무로 돼있으며, 필터의 교체가 가능하다. 드리퍼와 드립서버 세트도 있다.

**02 칼리타**
손잡이가 스테인리스 소재라서 튼튼하지만 필터의 교체가 불가능하다. 8~10인용짜리 큰 사이즈도 있어서 한꺼번에 많은 양의 커피를 내려야 할 때 적절하다.

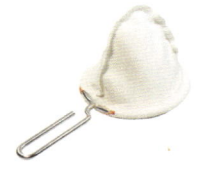

**03 커피누리**
국내에서 개발된 드리퍼로 손잡이가 고급 알루미늄으로 돼있어서 가벼우면서도 쉽게 녹슬지 않는다. 필터의 교체가 가능하다.

---

*check point*

- 융필터가 불필요한 잡맛을 걸러내 커피의 향미와 바디를 한층 살린다.
- 추출 과정에 변수가 많아 어느 정도 노하우가 필요하다.
- 융 드리퍼는 커피의 깊은 맛을 살리는 도구이므로 드립법도 정드립이나 점드립이 적합하다.
- 융 드립은 커피성분을 충분히 뽑아내기 때문에 자칫하면 농도가 짙어서 자극적이라고 느낄 수 있다. 하지만 특유의 진한 향미와 풍부한 바디가 그만의 매력이라는 점을 알아두도록 하자.

MILD BREWING

NEL · COMPONENT

**01 필터**

융 소재로, 천 조각을 두 개나 세 개 이어 붙여서 만든다. 그 중에서도 세 조각으로 된 필터가 커피가루가 부풀어 오르기에 공간이 넉넉하고, 좀 더 견고한 원추형이기 때문에 커피성분을 아래로 끌어내기에 더 효과적이다. 융필터는 사용빈도가 많아질수록 짙은 갈색이 되며, 기모가 제 역할을 못 할뿐더러 필터에 남아있는 미분이 산화돼서 커피 맛에 악영향을 끼칠 수 있다. 때문에 15번 정도 사용하는 것이 가장 적절하다.

**02 손잡이**

업체에 따라 재질과 모양이 다르다. 스테인리스로만 만든 제품도 있고, 그립감을 고려해 나무 소재를 입힌 것도 있다.

**03 드립서버**

전용 드립서버가 없을 때는 그냥 드리퍼를 손에 쥔 채 일반 드립서버 위에 올려놓고 사용해도 상관없다. 드립 스탠드를 활용하는 방법도 괜찮다.

## EQUIPMENT

하리오 융드립 세트 (DPW–1)
물 200g
원두 40g
드립포트
잔

## CONDITION

- 로스팅 포인트 **미디엄**
- 분쇄도 5
- 물 온도 96℃

## RECIPE

1 드리퍼에 필터를 끼운다.

2 드립서버에 드리퍼를 올려놓고 뜨거운 물로 필터를 헹군다.
필터를 처음 사용할 때는 한번 삶거나 뜨거운 물에 충분히 헹궈서 천 냄새를 없애야 한다. 필터를 삶을 때는 커피찌꺼기를 한 스푼 넣으면 효과가 더 좋다.

3 헹구고 난 물을 버린다.

4 원두를 분쇄한다.

**5** 필터에 커피가루를 담는다.
커피가루를 담은 후에는 드리퍼 옆을 툭툭 쳐서 높이를 평평하게 맞춰야 물을 고르게 적실 수 있다. 이때 뾰족한 도구로 커피가루를 한번 뒤적거리면 밀도가 균일해지고 커피성분이 편차 없이 일정하게 추출되어 더 맛있는 커피를 만들 수 있다.

**6** 물 45g을 골고루 붓고 30초 정도 뜸을 들인다.
융필터는 천이기 때문에 종이보다 신축성이 뛰어나서 뜸을 들일 때 커피가루가 좀 더 여유 있게 부풀어 오르고, 덕분에 커피성분이 원활하게 녹아나온다.

**7** 물 65g을 굵은 물줄기로 안에서 밖으로 빠르게 돌려가며 붓는다.
그런 다음 물이 빠지기 쉽게 드리퍼를 살짝 위로 올렸다 내린다.

**8** 부풀어 올랐던 커피가루가 어느 정도 가라앉으면 물 70g을 가는 물줄기로 안에서 밖으로 천천히 돌려가며 붓는다.

**9** 물 20g을 굵은 물줄기로 안에서 밖으로 빠르게 돌려가며 붓는다.

**10** 커피가 전부 떨어질 때까지 기다리면 추출 완료.

**11** 필터를 꺼내 물에 헹군다.

**12** 잔에 커피를 따른다.

## NOTICE

### 물이 느리게 빠질 때
융 드립은 필터의 특성상 추출속도가 느리다. 이를 감안해 물을 천천히 붓는다.

## UPGRADE

### 미국식 융 드립법
앞에서 제시한 레시피에서 물 온도를 80℃ 정도로 낮추고, 분쇄도를 약간 더 굵게 조정하면 미국 스타일의 융 드립 커피가 된다. 산미가 도드라지는 커피를 선호하는 미국 사람들의 입맛을 반영한 추출방법이다.

NEL · RECIPE

TIP

**융필터는 관리가 핵심이다**
융필터는 사용한 후에도 세척과 보관에 신경 써야 오래도록 쓸 수 있다. 우선 추출이 끝나면 바로 커피찌꺼기를 버리고 흐르는 물에 깨끗이 씻는다. 이때 세제를 쓰면 기모 사이에 잔여물이 남아 오히려 나쁜 영향을 주기 때문에 피하는 편이 낫다. 다 헹군 융은 모서리 부분을 잡고 돌려 물기를 꼭 짠 다음에 찬물에 담가서 냉장 보관한다. 금방 다시 사용할 것이 아니면 위생 봉투에 담아 냉동 보관한다. 보관기간은 3일 이내로 하고, 사용하기 직전에는 마른 천으로 꾹꾹 눌러서 물기를 없앤다. 어떻게 관리하느냐에 따라서 사용횟수가 다르겠지만 최대 15회를 넘지 않는 것이 바람직하다.

커피메이커

# COFFEE MAKER

사용이 간편한 대표적인 가정용 드립머신

COFFEE MAKER · LINE-UP

가정용 드립머신 가운데 가장 대중적인 형태인 커피메이커는 1950년대 이르러 오늘날의 모습을 갖추었고, 지금까지도 간단한 조작법, 합리적인 가격으로 큰 인기를 누리고 있다. 물탱크의 물을 전기로 뜨겁게 데운 후 커피가루에 투과시키면 아래의 서버로 커피가 추출되는 원리다. 추출의 조건이 일정하게 정해져 있기 때문에 누구나 오차 없이 균일한 맛을 낼 수 있다. 또한 한 번에 많은 양의 커피를 내릴 수 있고, 대부분 보온기능이 있어서 사무실처럼 여럿이 오가는 곳에서는 필수적으로 구비하고 있다. 최근에는 원두 본연의 맛을 살리고자 성능을 개선한 커피메이커가 출시되고 있으며, 그라인더가 내장된 제품까지 각양각색이다.

LINE-UP | 여러 가전제품 업체에서 다양한 커피메이커 모델을 선보이고 있다. 브랜드마다 디자인과 스펙은 물론이고, 가격도 천차만별이기 때문에 용도와 예산을 고려해서 꼼꼼하게 비교하고 구입한다.

**01 칼리타**

칼리타 사에서 새롭게 출시한 커피메이커로, 일반적인 커피메이커와 유사하나 칼리타 드리퍼에 착안하여 특유의 깊이 있는 커피 맛을 구현했다.

**02 모카 마스터**

'테크니봄Techni vorm'이라는 네덜란드 업체에서 핸드메이드로 생산하는 커피 브루잉 머신. 가격대는 높은 편이지만 워낙 성능이 뛰어나 전 세계 커피협회들로부터 인정받았으며, 각종 바리스타 대회의 공식 머신으로 채택된 적도 있다. 전용 필터가 있으며, 최근에는 1인용 머신도 출시됐다.

**03 윌파**

1948년에 설립된 노르웨이 가전제품 업체인 '윌파Wilfa'에서 개발한 커피 브루잉 머신으로, 종류는 반자동과 전자동이 있다. 브루잉 커피의 풍부한 향미를 살리는 데 중점을 뒀으며 세계적으로 유명한 바리스타인 팀 원들보Tim Wendelboe가 공동개발자로 참여했다.

---

*check point*

· 추출변수를 최소화했기 때문에 레시피만 지켜도 평균적인 맛을 낼 수 있다.
· 부드럽고 가벼운 느낌의 커피를 만들 수 있지만 원두 본연의 캐릭터를 살리는 데는 한계가 있다.

MILD BREWING

COFFEE MAKER · COMPONENT

### 01 본체
서버를 놓는 바닥에 열선이 깔려있기 때문에 별도로 가열하지 않아도 커피의 온기가 유지된다.

### 02 전원 스위치
본체 하단의 전원을 켜면 램프에 불이 들어오고 노즐을 통해 끓는 물이 드리퍼로 떨어진다. 추출을 멈추고 싶을 때는 전원을 끄면 되는데, 그러면 서버를 놓는 바닥의 보온 기능도 멈춘다는 사실을 알아두자.

### 03 물탱크
본체에 내장돼 있으며 원하는 추출 양만큼 눈금에 맞춰 물을 넣는다.

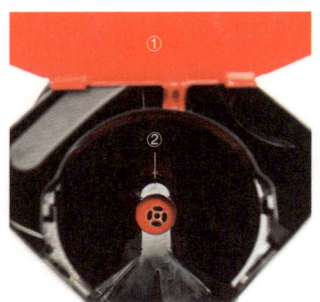

### 04 드리퍼
필터를 넣고 커피가루와 물을 담는 부분. 본체에서 분리할 수 있으며 윗부분에는 손잡이가 달려있어 탈부착이 편리하다. 추출구에는 물이 떨어지는 것을 방지하는 밸브가 있어서 서버를 꺼내도 바닥에 커피가 흐르지 않는다. 일반적인 커피메이커는 드리퍼가 곧 필터로 사용되기도 하는데, 영구필터가 장착돼 있어도 종이필터를 쓰는 편이 맛이 더 좋다.

### 05 서버
추출된 커피가 담기는 부분으로 대부분의 커피메이커는 서버가 유리로 되어있어 커피가 추출되는 모습을 그대로 지켜볼 수 있다.

### ① 뚜껑
본체 상단을 덮는 용도로 사용된다. 뚜껑 중간에는 통기구가 있어서 커피를 추출하는 동안 발생하는 수증기가 배출되며, 이 때는 뚜껑이 매우 뜨겁기 때문에 주의해야 한다.

### ② 노즐
물을 커피가루 위로 뿌려주는 부분. 뚜껑과 연결돼 있어서 뚜껑을 열면 옆으로, 닫으면 가운데로 움직인다.

## EQUIPMENT

칼리타 오토드립머신 (EC-103 G)
칼리타 브라운 필터 103
물 300g
원두 20g
잔

## CONDITION

- 로스팅 포인트 **미디엄**
- 분쇄도 5
- 물 온도 95℃

## RECIPE

**1** 필터를 접는다.

**2** 드리퍼에 필터를 넣는다.
뜨거운 물로 필터를 헹구면 종이 냄새가 사라지고 드리퍼를 예열하는 효과가 있어 보다 풍부한 맛을 느낄 수 있다.

**3** 본체에 드리퍼를 넣는다.

**4** 원두를 분쇄한다.

COFFEE MAKER · RECIPE

5  필터에 커피가루를 담는다.

6  물탱크에 물을 넣는다.

7  전원 스위치를 켠다.
추출 도중에는 뚜껑을 열지 않는다.
팔팔 끓은 물이나 수증기가 튀어서
화상을 입을 위험이 있다.

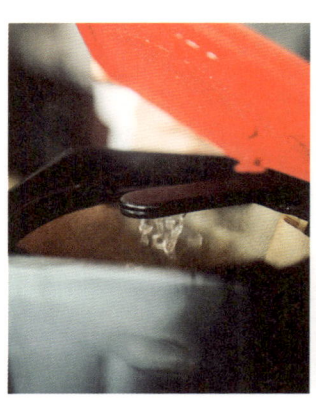

8  커피가 전부 떨어질 때까지 기다리면
추출 완료.

9  드리퍼를 꺼낸다.

10  잔에 커피를 따른다.

## NOTICE

**1 서버는 전자레인지 사용 금지**
커피메이커 서버는 대체로 내열유리가 아니기 때문에 그대로 전자레인지에 데우면 폭발할 위험이 있다.

**2 물은 한도 수위까지만**
물을 물탱크에 적힌 최대 눈금 이상으로 붓게 되면 드리퍼나 서버가 넘치므로 반드시 정량을 지키도록 한다.

## UPGRADE

**1 깔끔한 커피를 원한다면 추출을 일찍 마치자**
일반적인 커피 브루잉과 비슷한 원리이기 때문에 마지막에 추출되는 커피는 잡맛이 섞일 수 있다. 추출이 막바지에 다다랐을 즈음에 미리 전원을 끄고 드리퍼를 제거하면 잡맛을 줄일 수 있다.

**2 뜸들이기도 가능한 커피메이커**
뜸들이기를 하면 커피성분을 보다 원활하게 추출할 수 있는데, 이는 커피메이커에서도 가능하다. 필터에 커피가루와 물을 담고 전원을 켠 다음에 커피가루가 골고루 적셔지는지 지켜보다 잠시 전원을 끄고 20초 정도 기다린 후 다시 전원을 켠다.

## TIP

**물탱크에는 뜨거운 물을 넣는다**
커피메이커 자체에 물을 끓이는 기능이 있긴 하지만 90℃ 이상으로 온도가 올라가진 않는다. 처음부터 뜨거운 물을 넣으면 커피를 조금 더 높은 온도로 내릴 수 있다.

COFFEE MAKER · RECIPE

# COLUMN

## 로스팅 포인트에 따라 제안하는 브루잉 룰

원두의 로스팅 강도에 따라 어울리는 추출조건을 제안해본 것이다. 이 레시피를 참고하면 로스팅 포인트별 캐릭터를 잘 살려서 커피를 내릴 수 있다.

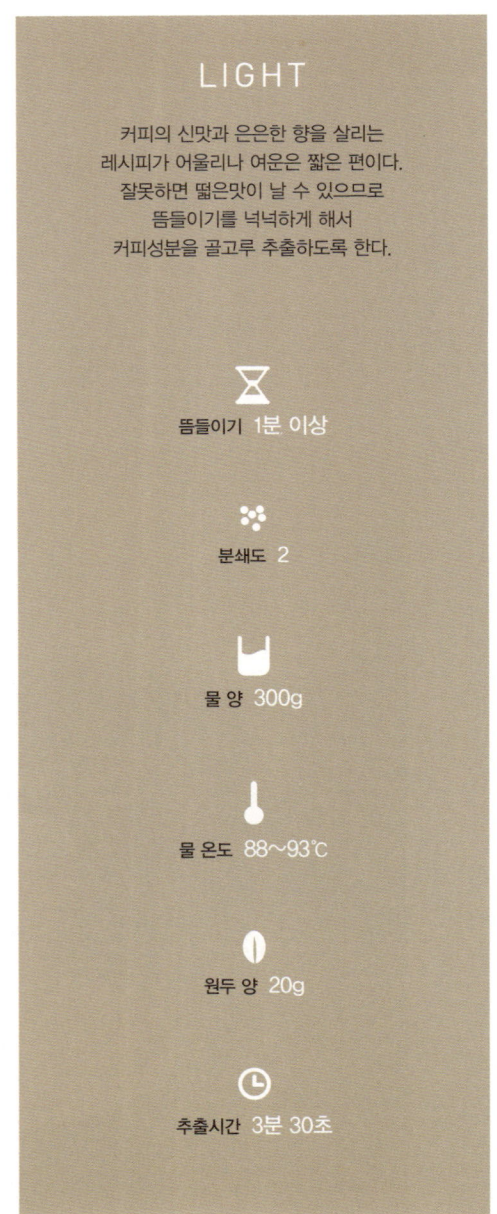

### LIGHT

커피의 신맛과 은은한 향을 살리는 레시피가 어울리나 여운은 짧은 편이다. 잘못하면 떫은맛이 날 수 있으므로 뜸들이기를 넉넉하게 해서 커피성분을 골고루 추출하도록 한다.

뜸들이기 1분 이상

분쇄도 2

물 양 300g

물 온도 88~93℃

원두 양 20g

추출시간 3분 30초

## MEDIUM

커피의 밸런스에 중점을 두고 추출한다.

뜸들이기 30초

분쇄도 3

물 양 300g

물 온도 93~96℃

원두 양 20g

추출시간 2분 30초~3분 30초

## DARK

커피의 지용성 성분이 상대적으로 많이 들어있어서
진한 향미가 오래 지속되고,
단맛과 바디 위주로 추출하는 것이 어울린다.
다만 뜸들이기 시간이 길어지면
탄맛과 쓴맛이 지나칠 수 있으므로 유념한다.

뜸들이기 30초 이하

분쇄도 4

물 양 300g

물 온도 95℃

원두 양 20g

추출시간 2분~2분 30초

BREWING LESSON

# 06
## MEDIUM BREWING
미디엄 브루잉

AEROPRESS · LINE-UP

에어로프레스는 스포츠 용품으로 유명한 미국 '에어로비Aeorobie' 사의 앨런 애들러Alan Adler 회장이 2005년에 발명한 커피메이커로, 공기압을 활용하는 독특한 방식의 커피 추출도구다. 유럽에는 에어로프레스 대회가 있을 만큼 높은 인기를 누리고 있고, 국내에서도 출시 이후 큰 호응을 얻고 있다.

에어로프레스를 두고 토탈 이멀전total immersion 방식의 추출법이라고 하는데, 이는 커피가루를 물에 한번 완전히 담가 향미 성분을 끌어낸 다음 필터로 걸러서 추출하는 것을 의미한다. 커피가루를 물에 충분히 적시기 때문에 추출이 편차 없이 고르게 이루어지며, 마이크로 필터가 있어서 미분 없이 깔끔하고 부드러운 맛을 낼 수 있다.

사실 앨런은 에어로프레스를 통해 기존의 에스프레소보다 쓴맛이 덜한 커피를 만들려 했는데, 실제로도 에어로프레스는 다른 도구들에 비해 추출 시간이 짧아 카페인이 적게 추출되고 쓴맛도 약한 편이다.

LINE-UP | 에어로프레스는 한 가지 모델밖에 없다.

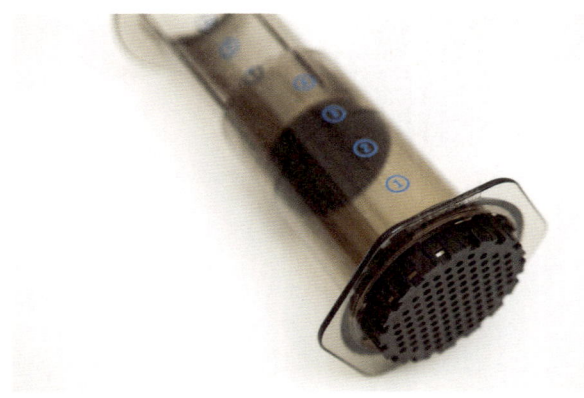

### *check point*

- 커피를 내리는 과정이 워낙 단순하고, 추출에 영향을 주는 변수도 적다. 그만큼 정직한 추출도구라 컨트롤하기 쉽고, 빠르게 커피를 내릴 수 있다.
- 플라스틱 소재라 파손의 위험이 적으며, 사이즈가 작아 휴대하기 편하고 무게도 가벼워 야외에서 즐기기에 적합하다.
- 커피를 추출할 때 압력을 주기 때문에 다른 도구에 비해 농도가 진하고 바디가 깊으며, 원두의 특징이 도드라진다.

MEDIUM BREWING

AEROPRESS · COMPONENT

### 01 플런저

에어로프레스 본체의 윗부분. 체임버에 담긴 커피가루와 물을 밀어내어 커피를 추출하는 역할을 한다.

① 씰 : 플런저의 아래쪽에 끼워져 있으며, 커피를 추출할 때 압력이 밖으로 새나가지 않도록 막아준다. 고무 재질로 되어 있으며, 씰이 망가지면 따로 구입해 교체할 수 있다.

### 02 체임버

에어로프레스 본체의 아랫부분으로, 커피가루와 물을 담는 곳이다.

### 03 캡

필터를 넣는 곳으로, 체임버 아래에 끼운다. 추출 후에 열어보면 이곳에 커피찌꺼기가 모여있다.

### 04 깔때기

체임버에 물과 커피가루를 넣을 때 사용한다.

### 05 스패출러

물과 커피가루를 저을 때 쓰는 스틱.

### 06 스쿱

커피가루를 뜰 때 쓰는 계량스푼.

### 07 마이크로 필터

에어로프레스 전용으로 제작된 이 마이크로 필터는 미세한 입자의 커피가루도 걸러내어 미분 없이 깔끔하고 부드러운 커피를 만든다. 예전에는 종이로 된 필터만 있었지만 금속 재질의 필터가 새로 발명되면서 커피의 오일 성분도 함께 추출해 한층 농후한 바디를 느낄 수 있게 되었다.

① 종이필터

② 금속필터

## EQUIPMENT

에어로프레스 본체
에어로프레스 필터
에어로프레스 스패출러
물 220g
원두 17g
드립포트
잔

## CONDITION

- 로스팅 포인트 미디엄
- 분쇄도 3
- 물 온도 88~93℃

## RECIPE

1 캡에 필터를 넣는다.

2 뜨거운 물로 필터를 헹군다.

3 플런저를 아래에 두고 그 위로 체임버를 끼운다.
나중에 내용물이 새지 않도록 고무씰을 꼭 채운다.

4 원두를 분쇄한다.

MEDIUM BREWING

AEROPRESS · RECIPE

5  체임버에 커피가루를 담는다.
   깔때기를 이용하면 깔끔하게 담을 수 있다.

6  물 70g을 골고루 붓는다.

7  스패출러를 이용해 5~6번 정도 젓는다.
   스패출러 대신에 일반적인 스틱을 사용해도 된다.

8  물 150g을 골고루 붓고 스패출러를 이용해 한번 젓는다.
   이때 물줄기는 가늘게 해서 천천히 붓는다.

9  체임버에 캡을 끼운 후 5초 정도 기다린다.

10 튼튼한 잔으로 캡을 덮은 후 에어로프레스를 거꾸로 세운다.
   잔이 약하면 나중에 깨질 수 있으므로 주의한다.

**11** 압력을 고르게 가한다는 느낌으로 손바닥으로 천천히 플런저를 눌러 커피를 추출한다.
에어로프레스는 허리보다 살짝 낮은 곳에 두고 추출해야 힘을 주기가 훨씬 편하다. 추출한 커피는 기호에 따라서 물에 희석해 마셔도 된다.

**12** 캡을 열어 커피찌꺼기를 제거한다.

TIP

**1 에어로프레스 세척법**
　에어로프레스를 사용한 후에는 캡을 열고 플런저를 누른 다음 커피찌꺼기를 털어낸다. 플런저의 고무씰은 흐르는 물에 씻는다.

**2 고무씰 관리법**
　· 물로만 씻어도 상관없지만 세제를 사용할 때는 완전히 헹궈야 한다.
　· 오랫동안 뜨거운 물에 닿으면 좋지 않다.
　· 커피찌꺼기를 바로 제거하지 않고 그대로 방치하면 형태가 틀어진다.
　· 부품을 분해해서 보관하지 않으면 고무씰이 늘어나 모양이 망가진다.
　· 식기세척기 사용은 피한다.

AEROPRESS · RECIPE

## NOTICE

**1 체임버와 플런저를 거꾸로 놓고 추출하는 이유**
체임버와 플런저를 똑바로 세워놓은 상태에서 추출하면 플런저를 누르기도 전에 중력에 의해 커피가 아래로 조금씩 샐 수 있다. 그 결과 커피성분이 충분히 우러나지 못하고 과소추출될 가능성이 높다.

**2 커피가루 입자가 너무 가늘면**
커피가루의 입자가 너무 가늘면 그만큼 표면적이 넓어져 플런저를 누르는 데 힘이 더 들고, 압력이 높아져 에스프레소와 비슷한 크레마가 추출되기 때문에 최상의 향미와 마우스필을 느낄 수 있다. 하지만 농도가 짙어서 시간이 지날수록 자극적인 느낌을 받는다.

**3 커피가루 입자가 너무 굵으면**
커피가루의 입자가 너무 굵으면 그만큼 표면적이 좁아져 플런저를 누르는 데 힘이 덜 들고, 압력이 낮아져 커피성분이 과소추출되며 마우스필은 텁텁하고 향미가 약하게 날 수 있다. 하지만 산미와 바디는 높은 편이며, 시간이 갈수록 맛이 밸런스를 찾아 부드러워진다.

**4 물 온도는 약간 낮게**
에어로프레스는 다른 도구에 비해 물 온도를 다소 낮게 맞춘다. 기본적으로 압력이 가해져 커피성분이 원활히 추출되는데, 물 온도까지 높아지면 쓴맛이 너무 많이 나오기 때문이다.

**5 원두에서 가스가 많이 나오면 곤란하다**
레시피에 적힌 물 양 220g은 체임버를 가득 채운 정도인데, 원두에서 가스가 너무 많이 나오면 추출이 안정적으로 이루어지지 못한다. 추출시간이 지연되면서 맛에 좋지 않은 영향을 줄 수 있으며, 잘못하면 물이 넘칠 수도 있다. 때문에 갓 로스팅한 원두보다 어느 정도 숙성된 원두를 사용하는 편이 낫다. 물 양을 200g으로 줄이는 것도 한 가지 방법이다.

## UPGRADE

**1 베리에이션 커피 만드는 방법**
커피가루 양을 늘리고 물 양을 줄이면 압력을 가했을 때 거품처럼 나오는 크레마를 볼 수 있다. 이렇게 추출한 커피는 농도가 진해서 아메리카노나 우유가 들어간 커피메뉴로도 응용할 수 있다.

**2 아이스 커피 레시피**
물 180g, 원두 15g(분쇄도 2)을 위와 같은 방법으로 추출한다. 잔에 얼음을 채운 다음 추출하면 된다.

**3 융필터 만드는 방법**
사이폰에서 사용하는 융필터를 에어로프레스 캡 크기에 맞게 오린 후 송곳으로 구멍을 뚫어서 사용하면 미분이 100% 걸러져 깔끔하면서도 커피오일의 영향으로 마우스필이 매끈한 커피를 마실 수 있다. 하지만 미리 구멍을 뚫지 않으면 플런저를 누를 때 힘이 많이 든다.

모카포트

# MOKAPOT

손쉽게 에스프레소 커피를 즐길 수 있는 매력만점 추출도구

MOKAPOT · LINE-UP

모카포트는 1933년, 이탈리아에서 알루미늄 공장을 운영하던 알폰소 비알레띠Alfonso Bialetti가 개발했으며, 에스프레소 종주국인 이탈리아에서는 집집마다 하나씩 가지고 있을 만큼 대중적인 가정용 에스프레소 추출도구다. 본체를 직접 가열해 내부에 증기압이 생기면 이를 통해 에스프레소를 빠르게 추출하는 원리다.

LINE-UP | 모카포트는 현재 비알레띠 이외에도 여러 브랜드에서 출시하고 있다. 기본구조는 비슷하지만 디자인과 재질에 조금씩 차이가 있고, 대부분 알루미늄이나 스테인리스로 만든다. 알루미늄 제품은 대체로 가격이 저렴하고 무게가 가벼우며, 열전도율이 높아서 추출속도가 빠른 것이 장점이다. 하지만 쉽게 녹스는 문제가 있어서 보관할 때는 습기에 유의해야 오랫동안 쓸 수 있다. 스테인리스 제품은 형태가 변형될 우려가 적기 때문에 반영구적으로 사용할 수 있으며 관리하기 수월하다. 한편 모카포트처럼 가스레인지에 올려서 사용하는 도구를 통칭해서 '스토브 탑stove top'이라고 하는데, 여기엔 모카포트를 비롯해 나폴리타나Napolitana, 바끼Bacchi 등이 있다.

## 01 비알레띠

모카포트의 대명사답게 비알레띠Bialetti 제품들은 1인용부터 9인용까지 용량도, 모양도 다채롭게 구성되어 있다. 모카Moka, 브리카Brikka, 다마Dama, 피아메타Fiammetta, 키티 오로Kitty Oro 등 모델에 따라서 커피의 농도와 맛이 약간씩 다르다. 이중에서도 무카Mukka는 추출구 부분에 스팀밸브가 장착돼 있어 컨테이너에 우유를 넣고 작동시키면 우유거품이 생기고 카푸치노가 만들어진다.

## 02 일사

일사Ilsa는 1946년 설립된 이탈리아의 주방용품 브랜드다. 일사의 모카포트는 스테인리스 소재로 되어있어 아무리 뜨거운 열을 가해도 부품이 망가질 위험이 적고, 가스레인지는 물론 핫플레이트와 인덕션에서도 사용 가능하다고 한다. 커피가루를 정해진 분량만 담을 수 있는 여느 모카포트와 달리 일사는 바스켓에 스트레이너가 들어있어서 커피가루를 원하는 만큼만 넣을 수 있다. 슬란치오Slancio, 알토Altho, 옴니아 익스프레스Omnia Express 등의 모델이 있으며, 사이즈는 1인용에서 6인용까지 있다.

## 03 안캅

이탈리아 명품 도자기 브랜드 안캅Ancap에서 출시한 모카포트. 도자기 소재를 활용한 점이 눈에 띄며, 색상의 일러스트도 인상적이다. 니콜Nicole, 쉐리Sherie, 카리나Carina, 프레지오사Preziosa, 지오또Giotto, 달링Darling 등의 모델이 있으며, 사이즈는 2인용에서 4인용까지 있다. 안캅 모카포트로 내린 커피는 진하지 않은 맛이 특징이다.

> *check point*
> · 모카포트의 압력은 에스프레소 커피머신을 훨씬 밑돌기 때문에 완전한 크레마를 만나긴 어렵지만 에스프레소를 비교적 쉽게 만들어 마실 수 있다.

MEDIUM BREWING

MOKAPOT · COMPONENT

<u>01</u> **뚜껑 손잡이**

<u>02</u> **뚜껑**

<u>03</u> **손잡이**

비알레띠 모카포트는 손잡이가 플라스틱 재질이라 뜨거운 열이 닿으면 찌그러질 수도 있다. 이때는 손잡이 부분을 따로 구매해 교체하면 된다.

<u>04</u> **컨테이너**

모카포트의 상단 부분으로 추출된 커피가 담기는 곳이다.

① **추출구**

추출된 커피가 밖으로 나오는 부분. 일부 제품의 경우 이곳에 압력추가 달려있어 다른 모카포트보다 높은 압력으로 커피를 추출하고, 풍성한 크레마도 만나볼 수 있다. 압력추가 달려있는 제품이라면 모카포트의 상단과 하단을 분리할 때 압력추를 살짝 위로 들어 올려 내부의 압력을 빼야 한다.

② **필터 플레이트**

컨테이너 바닥에 있는 필터로, 커피가루를 거르는 역할을 한다.

③ **가스켓**

필터 플레이트의 가장자리를 둘러싸고 있는 고무패킹. 모카포트가 내부에 높은 압력을 유지할 수 있도록 도와준다. 모카포트를 자주 사용하다 보면 가스켓이 열에 의한 팽창과 수축을 반복하면서 모양이 변형될 수 있다. 또 모카포트를 꼼꼼하게 세척한다는 이유로 번번이 가스켓을 분리하면 금방 늘어나게 된다. 때문에 간혹 추출이 잘 안되거나 증기와 커피가 샐 때는 가스켓의 이상 유무를 먼저 확인해야 한다. 모카포트를 사용한 후에는 가스켓을 깨끗이 씻어주되 매번 빼놓을 필요는 없고, 소모품이므로 틈틈이 교체하는 것이 좋다.

<u>05</u> **바스켓**

커피가루를 담는 공간.

<u>06</u> **보일러**

모카포트의 하단 부분으로 물을 담는 곳이다.

① **압력밸브**

보일러 내 압력이 적정 수준을 넘어서지 않도록 제한하는 장치.

## EQUIPMENT

비알레띠 뉴브리카 2컵
물 60g
원두 17g
가스버너
삼발이
잔

## CONDITION

- 로스팅 포인트 풀시티
- 분쇄도 2
- 물 온도 100℃

## RECIPE

1 뜨거운 물을 보일러 중간의 압력밸브까지 붓는다.
그 이상으로 부으면 압력 조절이 잘 안 돼서 증기가 샐 수 있다.

2 원두를 분쇄한다.

3 바스켓에 커피가루를 담는다.
이때 커피가루는 눌러 담지 말고, 소복이 쌓은 다음에 넘치는 것만 가볍게 털어낸다.

4 커피가루가 정량보다 많으면 추출이 원활하지 않고 미분도 많이 생긴다.

MEDIUM BREWING

MOKAPOT · RECIPE

5  보일러에 바스켓을 넣는다.

6  컨테이너를 끼운다.

7  모카포트를 가스레인지 위에 올린다.
중불에 두고 커피가 끓어오를 때까지
뚜껑을 연 상태로 기다린다.
모카포트의 아랫지름이 가스레인지보
다 작을 경우 삼발이를 이용한다.

8  '치익' 소리와 함께 크레마가 나오기
시작한다.

9  곧바로 뚜껑을 덮고 불을 끈 채 추출
이 끝날 때까지 기다린다.

10  잔에 커피를 따른다.
손잡이가 뜨거우니 조심한다.

MEDIUM BREWING

NOTICE

**에스프레소용 분쇄도는 적절하지 않다**
커피가루의 입자가 너무 가늘면 모카포트를 작동시켰을 때 추출된 커피가 추출구까지 못 올라가고 보일러와 컨테이너 사이에서 샐 수 있다. 모카포트용 분쇄도는 핸드드립용보다 가늘게, 에스프레소용보다 굵게 한다.

UPGRADE

**다양한 커피메뉴에 활용할 수 있다**
모카포트로 추출한 커피는 라떼, 모카 등 에스프레소 커피메뉴를 만들 수 있다.

TIP

**1 각별히 보관에 신경 써야 하는 이유**
모카포트는 흐르는 물에 깨끗이 씻어 물기 없이 잘 말린 후 보관한다. 다만 스테인리스든 알루미늄이든 습기가 천적이기 때문에 모카포트 상단과 하단을 분리해서 보관해야 부식을 막을 수 있고, 오랫동안 물속에 담가두는 일은 없어야 한다. 커피오일이 남아있으면 천으로 살살 닦는다. 특히나 알루미늄 제품은 표면이 벗겨질 수 있으니 수세미는 사용하지 않는다. 식기세척기에 돌리는 것도 산화할 가능성이 높으므로 되도록 피해야 한다.

**2 제품은 자주 사용할 만한 크기로 선택**
모카포트는 커피가루와 물을 정량대로 담아야 추출이 원활하기 때문에 제품을 선택할 때는 자주 사용할 만한 크기를 고르는 것이 좋다. 6인용짜리 모카포트를 샀는데 실제로는 혼자서 마실 때가 더 많다면 결과적으로 커피와 원두 모두를 낭비하는 격이기 때문이다.

**3 이음새를 부드럽게 하는 방법**
보통 새로 산 모카포트는 상단과 하단 사이가 뻑뻑하기 때문에 아무리 꽉 잠가도 커피가 새는 일이 일어날 수 있다. 이때 이음새 안쪽에 식용유를 바른 다음 닦아주거나 잠갔다 풀렀다 하는 것을 반복하면 한결 반질반질해진다.

사이폰

# SIPHON

보는 즐거움과 마시는 즐거움을 모두 충족시키는 커피

SIPHON · LINE-UP

사이폰은 물을 끓일 때 발생하는 수증기의 움직임을 이용하여 커피를 추출하는 도구다. 정식 명칭은 배큠 브루어vacuum brewer이며, '진공여과식 추출'이라고 불리기도 한다. 19세기 유럽에서 처음 개발되었는데 당시에는 추출하는 데 시간이 오래 걸리고 관리하기가 번거로워서 인기가 별로 없었다. 그러다 1925년에 고노가 '사이폰'이라는 이름으로 개량한 버전을 상품화하면서 널리 알려지게 됐다.

LINE-UP | 고노 이외에도 여러 업체에서 사이폰을 제작하고 있으며, 브랜드에 따라 가격대도 천차만별이다.

**01 사이폰**
대표적인 형태의 사이폰. 로드와 플라스크가 위아래로 연결돼있다. 사이즈는 1인용에서 5인용까지 다양하다.

**02 로열 밸런싱 사이폰**
19세기부터 이어져온 전통적인 형태의 사이폰. 일반적인 사이폰과 원리는 동일하지만 로드와 플라스크가 옆으로 나란히 놓여 있다. 플라스크는 유리가 아닌 금속 소재며, 커피를 따를 때는 앞에 달린 수도꼭지를 열면 된다. 고풍스러운 디자인이 시각적으로 돋보인다.

---

***check point***

- 플라스크에 비추는 램프의 은은한 불빛에 낭만적인 분위기를 느낄 수 있다. 커피가 추출되는 과정도 시각적인 효과가 뛰어나서 사람들의 호기심을 끈다.
- 사이폰은 연출뿐 아니라 커피의 개성 있는 향미를 내는 데도 탁월하다. 팔팔 끓어오르는 물로 커피를 추출하기 때문에 쓴맛이 날 수 있지만 추출조건을 적절하게 조절하면 진한 풍미에 바디가 좋은 커피를 만들 수 있다.
- 다른 추출도구로 내릴 때에 비해 커피가 식은 후에도 오랫동안 향이 유지된다.
- 사이폰은 열 조절과 교반 횟수가 맛을 좌우하는 핵심적인 요소다. 물과 커피가루가 만나는 시간이 커피의 농도를 결정하기 때문이다. 하지만 그밖에 추출조건은 그다지 까다롭지 않아서 교반 횟수만 잘 맞추면 원하는 농도의 맛을 낼 수 있다.
- 추출 시간은 물을 끓이는 과정을 빼면 1분에서 1분 30초 사이로 눈 깜짝할 새 끝난다.

MEDIUM BREWING

SIPHON · COMPONENT

### 01 뚜껑
추출 중에 로드에 이물질이 들어가지 않도록 방지하고 열기를 보존하는 역할을 한다. 추출이 끝난 후에는 뒤집어서 로드를 올려놓는 용도로 사용할 수 있다.

### 02 로드
커피가루와 물이 섞이면서 추출이 일어나는 부분. 로드 중간에는 필터를 장착하며, 아래쪽의 진공관을 통해서 물과 커피가 오르내린다.

### 03 스탠드
플라스크와 로드가 제자리에 세팅될 수 있도록 돕는 지지대. 연결부에는 집게 모양의 나사가 있어 조이는 정도를 조절할 수 있으며, 추출이 끝난 후 커피를 따를 때는 손잡이가 된다.

### 04 플라스크
추출 전에는 물을 끓이고, 추출 후에는 커피를 담는 곳. 플라스크 측면에는 물 양이 잔 수로 표시되어 있으므로 여기에 맞춰서 물을 넣으면 된다.

### 05 필터
사이폰 전용 필터는 필터 본체와 필터지, 스프링으로 구성돼있다. 필터 본체는 보통 스테인리스 재질이지만 플라스틱과 세라믹으로 된 것도 있다. 필터 본체와 연결된 스프링에는 체인과 클립이 달려 있는데, 이 클립을 로드 끄트머리에 끼우면 필터 본체와 로드를 안정감 있게 결합할 수 있다. 체인은 플라스크에 담갔을 때 그 움직임을 보면 물이 얼마나 끓었는지 확인할 수 있다. 필터지는 종이와 융 재질이 있다.

① **종이필터** 가격이 저렴하며 깔끔하고 산뜻한 맛을 낸다. 일회용이며 필터 본체 사이에 끼워서 사용한다.

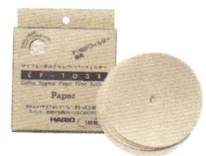

② **융필터** 미분을 완벽하게 거르는 한편 커피오일도 그대로 추출하기 때문에 커피를 마셨을 때 입 안의 촉감이 매끈하다. 여러 차례 재사용이 가능하나 적당한 시기에 교체하지 않으면 나쁜 냄새가 난다.

### 06 램프
사이폰의 가열 기구로는 알코올램프와 할로겐 빔히터 등이 있다. 종류에 따라서 화력이 다르고 불의 세기를 조절할 수도, 없을 수도 있으므로 각각의 장단점을 따져본 후 자신의 상황에 맞는 것을 골라 사용하면 된다.

① **알코올램프** 일반적인 사이폰의 기본 구성품으로 제공되는 대중적인 가열 기구. 화력이 약하고 온도를 조절할 수 없다는 단점이 있기는 하지만 사용법이 간단하고 사고 위험도 낮다. 화력이 약하고 그만큼 추출 시간도 길기 때문에 커피의 쓴맛이 강할 수 있다.

② **할로겐 빔히터** 할로겐 전구를 이용해 순간적으로 높은 열을 내는 기구. 온도를 조절할 수 있다는 것은 장점이지만 가격이 비싸 가정용으로 구입하기에는 부담스럽다. 화력이 강하고 그만큼 추출 시간도 짧기 때문에 깔끔한 커피를 내릴 수 있다.

## EQUIPMENT

하리오 사이폰 (TCA-2)
하리오 사이폰 융필터 (FS-103)
알코올램프
물 220g
원두 16g
스틱
드립포트
잔

## CONDITION

● 로스팅 포인트 미디엄
✱ 분쇄도 2
🌡 물 온도 100℃

## RECIPE

**1** 로드에 필터를 넣는다.

**2** 필터에 달려있는 체인을 당긴 다음 클립을 로드 끝에 끼운다.

**3** 스틱을 이용해서 필터의 위치를 제대로 잡아준다.
이렇게 하지 않으면 커피를 추출하는 도중에 필터가 빠져서 커피가루가 플라스크로 내려갈 수 있다.

**4** 뜨거운 물로 필터를 헹군다.
융필터는 천 냄새가 강하게 나기 때문에 미리 한번 삶거나 뜨거운 물로 간단하게 헹구는 과정이 필요하다.

SIPHON · RECIPE

5  헹구고 난 물을 버린다.

6  플라스크에 뜨거운 물을 채운다. 알코올램프만으로는 물을 끓이는 데 시간이 너무 오래 걸려서 처음부터 뜨거운 물을 넣는 편이 낫다. 하리오 제품은 물의 높이를 측면의 로고 아랫선에 맞추면 레시피에 맞는 양이 된다.

7  로드를 플라스크에 비스듬하게 걸친다. 이렇게 기울여서 꽂아야 안으로 공기가 들어가 물이 좀 더 빨리 끓는다.

8  알코올램프에 불을 붙인 후 플라스크 아래에 놓는다.

9  원두를 분쇄한다.

**10** 물이 끓어오를 때쯤 로드를 똑바로 세워서 물이 위로 올라갈 수 있게 한다.
물이 상승하는 힘으로 인해서 로드 안의 필터가 들썩이지 않게끔 나무 스틱으로 눌러가면서 위치를 고정시킨다. 이때 로드를 제대로 세우지 않으면 증기압이 생기지 않아서 물이 위로 올라갈 수가 없다. 또 로드를 너무 세게 끼우면 나중에 플라스크와 분리할 때 불편할 수 있으니 힘은 적당히 준다.

**11** 물이 전부 올라오면 로드에 커피가루를 담는다.
커피가루를 담는 순서는 편한대로 정하면 된다. 커피가루를 로드에 담은 상태로 걸쳐놨다가 물이 끓었을 때 로드를 세워 추출을 시작해도 괜찮다. 하지만 처음부터 로드에 커피가루를 담은 상태로 세워두면 물이 조금씩 위로 올라가서 커피가루와 물이 접촉하는 시간이 길어지고 과다추출로 이어질 가능성도 높다.

**12** 스틱을 이용해 3~4번 정도 빠르게 섞는다.
로드는 유리로 되어있어 외부의 충격에 약하기 때문에 나무스틱을 사용하는 것이 좋고, 스틱을 저을 때 벽과 필터는 건드리지 않게 주의한다. 커피가루를 물에 충분히 적시는 것은 중요하지만 교반횟수가 늘어날수록 커피의 농도도 진해진다는 사실을 잊지 말아야 한다.

SIPHON · RECIPE

**13** 약 20초 후 알코올램프를 플라스크 바깥으로 살짝 민다.

**14** 약 10초 후 알코올램프를 끈다.

**15** 스틱을 이용해 5~6번 정도 천천히 섞는다.

**16** 로드의 커피가 전부 플라스크로 내려갈 때까지 기다린다.

**17** 로드와 플라스크를 분리한다.

**18** 잔에 커피를 따른다.
사이폰으로 추출한 커피는 살짝 식힌 후 마시는 것이 좋다. 끓는 물로 추출하기 때문에 바로 마시면 커피가 무척 뜨거워 플레이버를 제대로 느끼기가 어렵다. 또한 사이폰 커피는 식을수록 향미가 살아나는 특징이 있어 마지막 한 모금까지 맛있게 즐길 수 있다는 것이 장점이다.

## NOTICE

**1 유리가 깨지지 않게 조심하자**
사이폰은 거의 모든 부품이 유리로 돼있어 깨지지 않게 주의해야 한다. 특히 진공관은 미세한 충격에도 예민하게 반응하기 때문에 각별히 신경 쓴다.

**2 플라스크는 건조한 상태로 보관**
플라스크는 표면에 물기가 남아있는 상태에서 열을 가하면 외부 온도가 급격히 올라가 터질 수 있다.

## UPGRADE

**사이폰 커피로 라떼를**
플라스크에 물 대신 우유를 넣어 추출하면 커피와 우유가 잘 어우러지는 부드러운 카페오레를 맛볼 수 있다. 사이폰 커피에 우유를 섞어 마시는 것도 추천한다. 사이폰 커피는 일반적인 브루잉 커피에 비해 농도가 진하며, 텁텁하지 않고 깔끔해서 우유와도 잘 어울린다.

SIPHON · RECIPE

TIP

**1 사이폰은 어떻게 청소할까?**
로드 안의 커피찌꺼기를 버릴 때는 먼저 손바닥으로 로드 윗부분을 툭툭 쳐서 뭉쳐있는 커피찌꺼기를 풀어준 다음에 로드를 거꾸로 든 채 필터의 체인을 잡고 살살 털어낸다.

**2 추출이 잘 됐는지 확인하기**
추출 후에 커피찌꺼기가 돔형을 하고 있으면 원두가 신선하고 교반도 원활히 잘 된 것이다. 손으로 살짝 눌렀을 때 푹신한 감촉이 들면 입자도 알맞은 것이다. 딱딱하면 분쇄도가 너무 굵은 것이고, 축축하면 분쇄도가 너무 가는 것이다. 또한 추출이 잘 된 경우에는 로드 벽면에 커피찌꺼기가 남지 않는다.

**3 융필터 관리법**
사용한 융필터는 흐르는 물에 깨끗이 씻은 후 차가운 물에 담가 보관하며 사용 전에는 꼭 물기를 짠다. 융은 사용횟수가 늘어날수록 맛에 좋지 않은 영향을 끼치기 때문에 색깔이 검게 변하지 않게 정기적으로 교체해주는 것이 좋다. 사용횟수는 15회, 보관일수는 3일을 넘지 않는 것이 좋다.

# COLUMN
## 브루잉 커피 베리에이션

**01  아인슈페너** Einspanner

오스트리아 사람들이 즐겨 마시는 크림 커피로, 흔히 '비엔나 커피vienna coffee'라고 한다. 브루잉 커피 위에 크림을 올려 더욱 부드럽고 달콤하게 즐길 수 있다.

**재료**  에티오피아 계열의 원두 21g
물 260ml
크림 약간

**레시피**  **1** 케멕스를 이용하여 브루잉 커피를 추출한다.
**2** 잔에 커피를 따른다.
**3** 위에 크림을 올린다. 크림이 가라앉지 않게끔 조심한다.

**팁**  · 산미가 좋은 원두를 써야 달달한 크림과 더 잘 어울린다.
· 커피는 따뜻하게, 크림은 시원하게 해서 즐기면 색다른 매력이 있다.
· 와인 잔 같은 투명한 글라스에 담으면 보기에 더 예쁘다.

## 02 보르지아 Borgia

'보르지아'라는 어느 로마 출신 귀족의 이름에서 유래한 커피로, 독일에서 맛볼 수 있다. 따뜻한 브루잉 커피에 초콜릿 향과 크림을 더했으며, 특히나 추운 겨울에 즐기기 좋은 커피다.

**재료**
- 중남미 계열의 원두 17g
- 물 180ml
- 초코소스나 초코파우더 약간
- 크림 약간

**레시피**
1. 에어로프레스를 이용하여 브루잉 커피를 추출한다.
2. 잔에 커피를 따른다.
3. 초코소스나 초코파우더를 넣고 골고루 젓는다. 초콜릿과 커피가 뭉치면 안 된다.
4. 위에 크림을 올린다.
5. 초코파우더를 살짝 뿌려 완성한다.

**팁**
- 중남미 계열 원두의 밸런스와 부드러운 맛이 초콜릿과 조화를 이룬다.
- 도자기로 된 둥근 형태의 잔을 사용한다.

## 03 리에주아 Liegeois

아이스크림 위에 커피와 크림을 올린 메뉴. 디저트로 즐기기에도 충분하다.

**재료**
- 케냐 계열의 원두 25g
- 물 365ml
- 아이스크림 1스쿱
- 크림 약간

**레시피**
1. 에스프로프레스를 이용하여 브루잉 커피를 추출한다.
2. 잔에 아이스크림 1스쿱을 담는다.
3. 커피를 따른다.
4. 위에 크림을 올린다.
5. 냉동실에서 5분 정도 얼린다.
6. 초코파우더를 살짝 뿌려 완성한다.

**팁**
- 꼭 에스프로프레스가 아니어도 침출식으로 진하게 우린 커피면 된다.
- 케냐 같은 묵직한 커피가 아이스크림과 잘 어울린다.
- 아이스크림이 금방 녹을 수 있으니 되도록 빨리 만들어야 한다.
- 투명한 글라스에 담으면 시각적으로도 멋스런 인상을 준다.

BREWING LESSON

# 07
# STRONG BREWING
스트롱 브루잉

프렌치프레스

# FRENCH PRESS

거칠지만 살아있는 커피 맛을 만나다

FRENCH PRESS · LINE-UP

커피 프레스는 1930년대 이탈리아에서 처음으로 등장해 당시에는 '프레스 포트press pot', '플런저 포트plunger pot' 등 다양한 이름으로 불렸다. 그러던 중 프랑스 '메리오르Merior' 사에서 내놓은 제품이 큰 인기를 끌면서 '프렌치프레스'로 대중에게 알려지기 시작했다. 1970년대에는 덴마크 '보덤Bodum' 사의 프렌치프레스가 유럽 전역에서 크게 히트하면서 오늘날 프렌치프레스의 원형을 갖추게 되었다. 별도의 소모품이나 특별한 추출기술을 요하지 않아 손쉽게 다룰 수 있고, 커피가루를 물에 우리는 원리이기 때문에 순수한 커피 맛을 그대로 느낄 수 있어 오늘날까지도 많은 사람들이 애용하고 있다.

LINE-UP | 프렌치프레스는 보덤 이외에도 많은 업체에서 다채로운 제품을 선보이고 있다. 기본구조는 비슷하지만 디자인과 재질이 여러 가지다.

### 01 보덤

프렌치프레스의 명가답게 꾸준히 업그레이드 버전을 소개하고 있다. 모델에 따라 비커와 이를 감싸고 있는 홀더가 가지각색이며, 사이즈도 다양하다. 특히 유리로 된 비커의 단점을 보완하기 위해서 플라스틱과 스테인리스, 실리콘 소재로 만든 트래블travel 모델은 휴대성이 높아 텀블러처럼 활용되기도 한다.

### 02 리버스

기존의 프렌치프레스에 개성 있는 색상과 패턴을 입혀 디자인에 민감한 젊은 세대를 겨냥했다. 리버스의 기본 모델은 패턴에 따라 코어core와 핀pin으로 나뉜다. 최근에 출시된 후프hoop는 홀더와 비커가 쉽게 분리되는 구조이며, 주둥이에는 미분을 걸러내는 필터가 하나 더 있다.

### 03 하리오

하리오의 프렌치프레스는 이들의 강점인 내열유리로 만들었다는 점이 가장 큰 특징이며, 그동안 하리오가 쌓아온 커피추출 노하우가 구조에 녹아있다. 대표격인 더블 글래스double glass는 비커가 이중으로 되어 있어 보온력이 뛰어나고, 외관에는 하리오 드리퍼와 유사한 곡선이 새겨져 있어 우아함이 돋보인다.

---

*check point*

- 종이필터나 융필터를 쓰지 않기 때문에 미분을 완벽히 걸러내지는 못한다. 그래서 마셨을 때 텁텁한 느낌이 들 수 있지만 커피의 오일 성분이 같이 녹아나오기 때문에 바디가 한층 좋아진다는 것이 장점이다.
- 티를 우릴 때나 우유거품을 만들 때도 활용할 수가 있다.

## 01 홀더

비커가 깨지지 않게 감싸고 있는 부분으로 측면에는 손잡이가 달려있다. 재질도 스테인리스, 플라스틱, 실리콘, 크롬 등으로 매우 다양하고, 아예 홀더가 없는 모델도 있다.

## 02 비커

내용물이 담기는 부분으로, 보통은 내열유리로 만든다. 홀더와 비커가 분리형인 것도, 일체형인 것도 있는데 분리형인 경우는 홀더와 비커 사이가 느슨해지면 깨질 위험이 높기 때문에 조심해서 사용해야 한다.

## 03 뚜껑

비커에 담긴 커피의 향미와 온도를 지켜주며, 이물질이 들어가지 않도록 막는 역할을 한다.

### ① 플런저
뚜껑과 거름망을 연결하는 곳으로, 맨 윗부분은 손잡이로 쓴다.

### ② 거름망
커피가루를 걸러내는 부분으로 제조사마다의 노하우가 이곳에 담겨있다.

FRENCH PRESS · COMPONENT

## EQUIPMENT

보덤 케냐 커피메이커 500ml
물 220g
원두 17g
드립포트
스틱
잔

## CONDITION

● 로스팅 포인트 미디엄
✽ 분쇄도 10
🌡 물 온도 96℃

## RECIPE

1 뜨거운 물로 비커를 헹군다.
비커를 예열하면 커피를 좀 더 안정적으로 내릴 수 있다.

2 헹구고 난 물을 버린다.

3 원두를 분쇄한다.

4 비커에 커피가루를 담는다.

**5** 물을 골고루 붓는다.

**6** 스틱을 이용해 10번 정도 섞는다.

**7** 뚜껑을 덮고 1분 30초를 기다린다.

**8** 플런저를 절반만 내리고 1분 30초를 기다린다.

**9** 플런저를 끝까지 내리고 1분을 기다린다.

**10** 잔에 커피를 따른다.
아래쪽에 미분이 남아있기 때문에 끝까지 따르면 안 된다. 천천히 따라서 가라앉은 미분이 섞이지 않게 한다.

STRONG BREWING

FRENCH PRESS · RECIPE

## NOTICE

**1 추출 시간을 지키자**
분쇄도에 따라 다르지만 프렌치프레스는 대체로 추출 시간이 4분을 넘으면 커피가루가 물에 지나치게 우려져 떫은맛과 날카로운 맛이 강해진다.

**2 분쇄도를 가늘게 할 거라면 추출 시간은 짧게**
프렌치프레스의 기준이 되는 입자 크기가 있지만 취향에 따라 좀 더 가늘게 조정해도 괜찮다. 분쇄도가 가늘면 미분의 영향을 적게 받아서 맛이 한결 부드러워진다. 하지만 그럴 때는 추출 시간을 줄이는 것이 바람직하다. 분쇄도가 가늘수록 커피가루가 물에 닿는 면적이 늘어나 커피성분이 금방 녹아나기 때문이다. 입자가 작은데 추출 시간까지 길면 커피성분이 과다추출될 가능성이 높다.

## UPGRADE

**1 미분이 싫다면**
거름망에 융필터를 끼우면 된다. 촘촘한 융필터가 미분을 잡아줘서 프렌치프레스답지 않은 깔끔한 맛을 즐길 수 있다. 커피의 단맛과 바디도 높아진다.

**2 티 맛있게 내리기**

비커에 찻잎과 너무 뜨겁지 않은 물을 넣고 5분간 우린다.

**3 쫀쫀한 우유거품 만들기**

프렌치프레스로 우유거품을 만들 때는 우유의 양이 비커의 절반을 넘지 않아야 나중에 넘치는 일이 없다. 플런저를 끝까지 밀고 당겨야 하며, 속도를 빠르게 하는 것이 고운 거품을 만드는 요령이다.

## TIP

**세척은 구석구석 깨끗이**
프렌치프레스는 사용 후에 물로 헹구기만 해도 괜찮긴 하지만 가끔은 부품을 전부 분리해서 닦아줘야 한다. 부품들 사이에 남아 있는 이물질이 착색의 원인이 되고, 커피 맛을 변하게 만들기 때문이다. 꼼꼼이 씻은 부품은 잘 말린 후 조립해야 녹슬지 않는다. 거름망은 부드러운 솔로 문질러 닦도록 한다.

# SOFTBREW

부드러운 커피의 정석을 느끼고 싶다면

SOFTBREW · LINE-UP

커피 전문가와 마니아는 물론, 커피를 잘 모르는 일반인들도 손쉽게 원두 본연의 맛을 즐길 수 있는 새로운 타입의 커피 추출도구. 밀라노 출신의 세계적인 디자이너 조지 소든George J. Sowden이 만든 이탈리아의 테이블웨어 브랜드 '소든Sowden'에서 선보인 제품답게 심플한 디자인에 기능성도 겸비했다. 물에 커피가루를 우리는 침출식으로, 대다수의 침출식 커피가 미분이 많아 텁텁한 것과 다르게 소프트브루로 내린 커피는 유난히 맛이 깔끔하고 부드럽다. 그 비밀은 바로 마이크로 필터. 레이저로 촘촘하게 타공한 스테인리스 소재의 반영구 필터를 사용하기 때문에 환경적인 측면에서도 좋은 평가를 받는다.

LINE-UP | 모델에 따라서 2인용, 4인용, 8인용, 12인용까지 사이즈 선택의 폭이 넓고, 오스카oskar, 제임스james, 조joe, 제이콥jakob 등 시리즈별로 디자인이 다채롭다.

### check point

- 미세한 필터가 미분의 양을 알맞게 조정해 밸런스 있는 맛을 구현한다.
- 스테인리스로 된 마이크로 필터가 커피의 오일 성분을 추출해 바디를 살린다.
- 추출하는 데 별다른 기술이 필요 없고, 편의성이 뛰어나다.

**01** 본체
도자기 소재로 되어있다.

**02** 뚜껑
추출하는 동안 커피가 식지 않도록 열을 지키는 역할을 한다.

**03** 필터
스테인리스 재질이며 촘촘한 타공이 미분을 완벽히 제어한다. 안쪽에는 물 양의 최대치가 표시되어 있다.

STRONG BREWING

SOFTBREW · COMPONENT

## EQUIPMENT

소프트브루 오스카 4컵
물 365g
원두 25g
드립포트
잔

## CONDITION

- 로스팅 포인트 **미디엄**
- 분쇄도 8
- 물 온도 95~97℃

## RECIPE

**1** 원두를 분쇄한다.

**2** 필터에 커피가루를 담는다.

**3** 본체에 필터를 넣는다.

**4** 물을 붓는다.

**5** 스틱을 이용해 5~6번 정도 섞는다.

**6** 뚜껑을 덮는다.

**7** 4분을 기다린다.

**8** 잔에 커피를 따른다.

**9** 필터를 꺼낸다.

SOFTBREW · RECIPE

NOTICE

## 커피가루의 입자 크기에 맞는 추출 시간
입자가 가늘면 추출 시간을 짧게, 굵으면 길게 조정한다.

UPGRADE

**1 추출 시간 마음대로 조절하기**
소프트브루는 추출 시간을 1분 간격으로 늘리면서 변화를 느끼고 최상의 맛을 찾아가는 재미가 있다.

**2 콜드 브루 커피**
여름철에는 뜨거운 물 대신 찬물을 넣어 콜드 브루cold brew 커피를 만들 수 있다.

에스프로프레스

# ESPRO PRESS

한층 업그레이드된 프렌치프레스

ESPRO PRESS · LINE-UP

에스프로프레스는 기존 프렌치프레스의 단점이었던 미분을 줄이기 위해 이중으로 된 마이크로 필터를 보완한 도구다. 덕분에 침출식 커피 추출도구 중에서 가장 깔끔한 맛을 내며, 기본적으로 커피가루를 물에 우리는 방식이라 커피가 지닌 본래의 맛을 끌어내기에 효과적이다. 그래서 에스프로프레스 커피는 텁텁한 맛을 싫어하는 사람들도 이질감 없이 마실 수 있다.

LINE-UP | 에스프로프레스는 총 세 가지 사이즈가 있고, 외관에는 큰 차이가 없지만 필터가 약간씩 다르다. 크기가 클수록 커피를 안정적으로 추출할 수 있다.

### 01 스몰
8oz 사이즈. 커피를 미국 기준으로는 1잔, 유럽 기준으로는 2잔을 만들 수 있다. 미디엄, 라지 모델과 다르게 마이크로 필터가 위아래로 하나씩 달려있다.

### 02 미디엄
18oz 사이즈. 커피를 미국 기준으로는 2잔, 유럽 기준으로는 4잔을 만들 수 있다. 미디엄부터는 마이크로 필터가 이중으로 돼 있다. 본체 안쪽에 적힌 눈금은 아랫선이 450ml, 윗선이 600ml를 뜻한다.

### 03 라지
32oz 사이즈. 커피를 미국 기준으로는 4잔, 유럽 기준으로는 6~8잔을 만들 수 있다. 라지 모델 역시 마이크로 필터가 이중으로 돼있다. 본체 안쪽에 적힌 눈금은 아랫선이 750ml, 윗선이 1L를 뜻한다.

### *check point*
- 커피의 섬세한 플레이버와 묵직한 바디가 살아있고, 매끈한 촉감이 느껴진다.
- 슈퍼미러 스테인리스 재질로 만들어 깔끔한 인상을 주며, 디자인도 뛰어나다.
- 사이즈에 비해 무게가 가벼워 휴대해서 쓰기에도 좋다.

STRONG BREWING

ESPRO PRESS · COMPONENT

### 01 뚜껑

버튼 모양의 뚜껑 손잡이에 에스프로프레스 로고가 새겨져 있고 아래에는 필터가 연결되어 있다.

### 03 본체

이중벽 진공단열로 제작되어서 적당한 두께감이 있으며, 내부의 열기가 밖으로 빠져나가지 않는다. 커피를 추출할 때 만져도 뜨겁지 않은 이유가 바로 이 때문이다. 스테인리스라서 깨질 염려는 없지만 잘못 떨어뜨리면 찌그러질 수 있으므로 주의가 필요하다.

### 04 손잡이

본체와 동일하게 이중벽 진공단열로 되어있으며, 유선형으로 설계해 손에 쥐었을 때 안정감이 느껴진다.

### 02 필터

마이크로 필터는 커피가루의 미분을 최대한으로 잡아주며, 일반적인 프렌치프레스와 비교했을 때 미분을 10배 넘게 걸러낸다고 한다. 필터는 모델마다 조금씩 다른 모습을 하고 있는데, 스몰은 필터가 한 겹으로, 미디엄, 라지는 두 겹으로 되어있다. 이 미세한 필터는 미분을 철저히 걸러내면서도 윗부분이 뚫려있어 아로마를 잘 살려준다. 또한 필터를 누를 때 일정한 압력을 가하기 때문에 커피성분이 효과적으로 추출된다. 무독성 고무와 플라스틱 소재로 만들어 뜨거운 물에 닿아도 안심하고 쓸 수 있다.

① 스몰 사이즈 필터

② 미디엄 & 라지 사이즈 필터

## EQUIPMENT

에스프로프레스 라지
물 365g
원두 25g
드립포트
스틱
잔

## CONDITION

- 로스팅 포인트 미디엄
- 분쇄도 7
- 물 온도 95~97℃

## RECIPE

1 원두를 분쇄한다.

2 본체에 커피가루를 담는다.
본체를 예열하면 커피를 좀 더 안정적으로 내릴 수 있다.

3 물을 골고루 붓는다.

4 스틱을 이용해 10번 정도 섞는다.
교반 횟수에 따라 커피성분의 농도가 달라지기 때문에 몇 번을 저을지는 분쇄도와 추출 시간 등에 맞춰서 정한다. 분쇄도가 가늘수록, 추출 시간이 길수록 교반 횟수를 줄이는 것이 좋다.

STRONG BREWING

ESPRO PRESS · RECIPE

5 뚜껑을 덮고 필터를 끝까지 누른다.
이때 필터를 너무 빠르게 누르면 미분이 뜰 수 있으니 천천히 누른다.

6 4분을 기다린다.

7 잔에 커피를 따른다.
아래쪽에 약간의 미분이 남아있기 때문에 끝까지 따르지 않는다.

NOTICE

**분쇄도가 기준과 다르다면**
위에서 제안한 분쇄도보다 커피가루의 입자가 더 굵으면 추출 시간을 늘리고, 가늘면 추출 시간을 줄여 향미의 뉘앙스를 비슷하게 맞춘다. 예를 들어 분쇄도가 '3'이라면 2분 정도, '7'이라면 4분 정도 우리는 것이다. 하지만 이러한 방식으로는 플레이버가 유사해도 감촉은 다를 수밖에 없다.

UPGRADE

**티 맛있게 내리기**
본체에 찻잎과 너무 뜨겁지 않은 물을 넣고 5분간 우린다.

카페 솔로

# CAFE SOLO

프렌치프레스의 투박함을 벗고 북유럽 감성을 입다

CAFE SOLO · LINE-UP

덴마크의 주방용품 브랜드인 '에바 솔로Eva solo'에서 개발한 침출식 커피 추출도구다. 간결한 디자인으로 유명한 회사답게 카페 솔로는 세계 유수의 디자인 어워드에서 수상한 이력이 있을 만큼 디자인이 뛰어나다. 높은 수준의 디자인만큼 성능도 소비자들의 기대를 저버리지 않는데, 마이크로 필터가 미분을 확실히 잡아주기 때문에 다른 프렌치프레스에 비해 맛이 좀 더 깔끔한 편이다. 덕분에 카페 솔로는 2003년 처음 출시된 이후 지금까지 꾸준하게 사랑받고 있다.

LINE-UP | 카페 솔로의 모델은 한 가지뿐이지만 사이즈는 0.6L, 1L, 1.4L 세 가지 종류가 있고, 재킷 색깔은 여러 가지다.

0.6L　　　　1L　　　　1.4L

---

### *check point*

· 유려한 곡선이 돋보이는 유리로 된 본체와 보온성을 높여주는 네오프렌neoprene 소재의 재킷이 특별하다.
· 카페 솔로로 추출한 커피는 커피 본연의 맛이 충분히 살아있으면서도 마이크로 필터가 미분의 텁텁함을 줄여 촉감이 한결 부드럽다.
· 필터 등의 소모품이 따로 필요없지만 판매가격이 높아 선뜻 구매하기가 부담스러울 수도 있다.
· 커피가루 대신 찻잎을 넣고 5분간 우리면 카페 솔로는 훌륭한 티 메이커가 된다. 또한 부속품으로 필터가 없는 뚜껑이 하나 더 들어있는데 입구에 이것을 끼우면 물병으로도 활용할 수 있다. 디자인이 독특해서 장식용으로도 손색없다.

STRONG BREWING

CAFE SOLO · COMPONENT

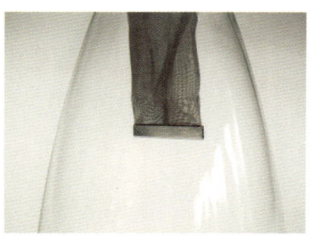

#### 01 재킷

카페 솔로의 본체를 감싸고 있는 부분으로, 네오프렌 재질로 되어있다. 잠수복 소재이기도 한 네오프렌은 일종의 합성고무로 기름에 녹지 않는 성질을 가지고 있으며 단열에도 뛰어나다. 덕분에 추출 도중에 커피의 온도가 떨어지는 것을 막고, 본체에 손이 데이는 것을 방지할 수 있다.

#### 02 뚜껑

필터의 윗부분에 장착하며, '플립 탑flip top'이라고도 한다. 본체를 평평한 곳에 놓았을 때는 열리지 않다가 옆으로 기울여 내용물을 따르려고 하면 그제야 중력에 의해 뚜껑이 열리고 액체가 흘러나오는 구조다. 본체를 기울이지만 않으면 내용물이 샐 염려가 거의 없다.

① 가스켓
뚜껑 밑에 달려있는 고무 패킹. 뚜껑과 필터가 분리되지 않도록 잡아주는 역할을 한다. 가스켓 안쪽은 별모양으로 되어있는데, 본체를 기울였을 때 내용물이 모서리 쪽으로 일부만 흘러나올 수 있게 의도한 것이다.

#### 03 필터

마이크로 필터의 톡톡한 구멍이 미분을 걸러내기에 효과적이다. 필터는 본체 입구에 끼워 사용하며, 주변을 감싸고 있는 고무링이 본체와 필터를 밀착시켜준다. 간혹 필터 안에 커피가루를 담는 사람이 있는데, 그런 일이 없도록 주의한다.

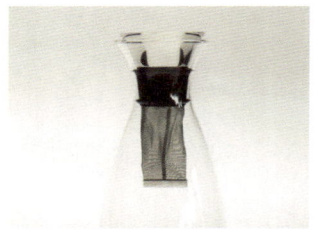

#### 04 본체

본체는 '카라페carafe'라고도 불리며 아래로 넓게 퍼지는 사다리꼴이다. 위에서부터 부드럽게 이어지는 곡선이 인상적이며, 내열유리로 되어있어서 커피의 추출과정을 눈으로 확인할 수가 있다. 하지만 뜨거운 물을 넣으면 손으로 잡기가 어렵기 때문에 재킷을 씌운 다음 만지는 것이 좋다.

#### 05 스틱

물에 커피가루를 넣고 저을 때 쓰는 스틱을 말한다. 카페 솔로는 전용 스틱이 함께 제공되는데, 스틱 가운데에 구멍이 뚫려있어 커피를 골고루 섞을 수 있다.

## EQUIPMENT

카페 솔로 1L
물 365g
원두 25g
드립포트
스틱
잔

## CONDITION

- 로스팅 포인트 미디엄
- 분쇄도 5
- 물 온도 93~95℃

## RECIPE

1 뜨거운 물로 본체를 헹군다.
본체를 예열하면 커피를 좀 더 안정적으로 내릴 수 있다. 재킷을 채우면 온기가 더 오래 유지된다.

2 헹구고 난 물을 버린다.

3 원두를 분쇄한다.

4 본체에 커피가루를 담는다.

## NOTICE

**유리 본체가 깨지지 않게 주의한다**
카페 솔로는 수입 제품이라 부품 가격도 비싼 편이다. 특히 본체가 유리인 만큼 깨지지 않게 최대한 조심해서 다루도록 한다.

CAFE SOLO · RECIPE

**5** 물을 골고루 붓는다.

**6** 1분을 기다린다.
일종의 뜸들이기 과정이다.

**7** 스틱을 이용해 5번 정도 섞는다.
여러 번 저을수록 맛이 더 진해지므로 자신의 취향에 맞게 적당히 저어야 한다.

**8** 필터를 끼운다.
뚜껑은 소리가 날 때까지 꾹 눌러야 쉽게 빠지지 않는다.

**9** 재킷을 씌우고 4분을 기다린다.

**10** 잔에 커피를 따른다.
아래쪽에 미분이 남아있기 때문에 끝까지 따르면 안 된다. 또한 천천히 따라서 가라앉은 미분이 떠오르지 않게 한다.

킨토 파로 드리퍼

# KINTO PARO DRIPPER

디자인과 맛, 두 마리 토끼를 잡은 가정용 드리퍼

KINTO PARO DRIPPER · LINE-UP

'킨토Kinto'는 일본의 테이블웨어 회사로 다양한 식기를 비롯해 커피와 티에 관련된 제품을 생산하는 곳이다. 디자인과 기능의 밸런스를 추구하는 회사답게 파로 커피 드리퍼는 단정한 겉모습뿐 아니라 뛰어난 맛을 구현하는 것으로 크게 인기를 끌었다. 파로 시리즈는 일본 가정에서 사용하는 작은 화로에 영감을 얻어 도자기 재질로 제작됐다. 드리퍼와 서버가 일체형으로 구성되어 있으며, 군더더기 없이 똑 떨어지는 실루엣과 깨끗한 화이트 색상이 통일된 느낌이 든다. 덕분에 출시 직후인 2009년에는 '일본 굿디자인 어워드'에서 디자인상을 수상했다.

LINE-UP | 총 세 가지 모델이 있지만 사이즈는 하나밖에 없다.

**01 드리퍼 & 주전자 세트**
하단의 서버가 주둥이가 달린 주전자 형태라 커피를 잔에 따르기 좋다. 드리퍼는 1인용이지만 커피를 진하게 내려서 물을 희석한 다음 여럿이 나눠 마셔도 된다.

**02 드리퍼 & 머그컵 세트**
하단의 서버가 머그컵 형태라 커피를 추출한 다음 바로 마실 수 있다. 머그컵의 손잡이는 손에 쥐었을 때 안정감 있게 디자인했다.

**03 드리퍼 & 텀블러 세트**
하단의 서버가 이중벽 진공단열로 제작되어서 손잡이 없이 그대로 쥐어도 전혀 뜨겁지 않다. 손잡이가 없는 텀블러 형태의 디자인이라 다른 모델보다 심플한 느낌이다.

*check point*

· 조밀한 금속필터가 미분을 걸러내서 텁텁한 맛이 적다.
· 금속필터 특유의 날카로운 맛이 없고, 오히려 커피의 오일 성분이 충분히 녹아들어서 촉감이 부드럽고 향미의 밸런스가 좋다.
· 하나뿐인 추출구가 커피의 추출속도를 알맞게 조절한다.

STRONG BREWING

KINTO PARO DRIPPER · COMPONENT

**01 드리퍼**

드리퍼는 모델에 관계없이 전부 형태가 똑같다. 이중벽이라 뜨거운 물을 부어도 화상의 위험 없이 만질 수 있다. 또한 바닥의 추출구는 수차례 실험을 거쳐 찾아낸 최적의 각도로 만들어진 것이며, 이는 커피의 추출 속도를 알맞게 조절하여 보다 부드럽고 균형감 있는 커피를 구현한다.

**02 뚜껑**

추출 중에는 드리퍼의 열기를, 추출 후에는 서버에 담긴 커피의 열기를 보존한다.

**03 필터**

스테인리스 재질로 된 이 필터는 거름망이 촘촘해서 대부분의 미분을 걸러준다. 안쪽에는 물과 원두의 양을 표시한 선이 있어서 저울이 없어도 정량을 잴 수 있다.

**04 서버**

서버는 모델에 따라서 주전자, 머그컵, 텀블러 등 모양새가 다양하다. 그 중 주전자 모양의 서버는 사다리꼴처럼 아래로 넓게 퍼지며, 400ml를 담을 수 있는 넉넉한 크기다.

## EQUIPMENT

킨토 파로 드리퍼 & 주전자 세트
물 300g
원두 20g
드립포트
잔

## CONDITION

- 로스팅 포인트 미디엄
- 분쇄도 5
- 물 온도 95℃

## RECIPE

**1** 뜨거운 물로 서버와 드리퍼를 헹군다. 킨토는 도자기 재질인데다 추출속도가 느려서 예열하지 않으면 중간에 물 온도가 떨어져 커피가 과소추출될 수 있다.

**2** 헹구고 난 물을 버린다.

**3** 원두를 분쇄한다.

**4** 필터에 커피가루를 담는다.

## NOTICE

**물 양의 최대치는 필터 높이까지**
킨토는 필터 높이가 드리퍼보다 낮기 때문에 물을 그 이상으로 부으면 커피가 넘칠 수 있다.

STRONG BREWING

KINTO PARO DRIPPER · RECIPE

5 필터를 드리퍼에 넣는다.

6 서버에 드리퍼를 올린다.

7 물 50g을 골고루 붓고 30초 정도 뜸을 들인다.

8 물 250g을 붓는다.

9 뚜껑을 덮고 커피가 전부 떨어질 때까지 기다리면 추출 완료.

10 잔에 커피를 따른다.

UPGRADE

**드리퍼와 서버를 예열하지 못했을 경우**
예열을 하지 않으면 커피가 식을 수 있기 때문에 차라리 커피를 진하게 내린 다음에 뜨거운 물을 넣어 희석해 마셔도 괜찮다.

# COLUMN

## 새로운 추출도구 트렌드

톡톡 튀는 아이디어가 돋보이는 커피 브루잉 아이템

**01 비 하우스** Bee house

2011, 2012년도 미국의 브루잉 대회에 출전한 선수들이 사용하면서 유명세를 탔다. 칼리타와 유사한 형태지만 추출속도를 조절하기 위해서 추출구를 2개로 제한했다. 사이즈는 1~2인용과 3~4인용이 있다. 한국에서는 '제로재팬 드리퍼'라는 이름으로 판매하고 있다. 가격은 20,000원(1~2인용), 22,000원(3~4인용).

**02 지노** Gino

'낫뉴트럴Notneutral' 사에서 개발한 드리퍼로 이중으로 된 유리벽의 우아한 디자인과 깔끔한 커피 맛이 특징이다. 손잡이는 없지만 외벽으로 열이 전달되지 않아 안심하고 써도 된다. 필터는 칼리타 웨이브 전용 필터와 호환된다. 국내 미수입 제품. 가격은 $24.

**03 칠리오 드리퍼** Cilio dripper

주방기구 회사인 칠리오에서 출시한 드리퍼다. 칼리타와 비슷한 모양이나 본체가 좀 더 높고 경사가 급하다. 리브는 본체 안쪽의 가장자리에 골고루 새겨져있다. 추출구가 하나여서 커피가 내려오는 속도가 그다지 빠르지는 않다. 국내 미수입 제품. 가격은 $18.99 (2~3인용).

**04 콘 브루잉 시스템** Kone brewing system

에이블 사에서 개발한 커피 브루잉 기구로, 자사 콘 필터에 딱 맞게 제작되었다. 국내 미수입 제품. 가격은 $120.

**05 프레일링 커피 포 원** Frieling coffee for one

23K 금으로 만든 필터가 내장된 드리퍼로 휴대하며 간편하게 커피를 마시고 싶을 때 쓸 수 있다. 국내 미수입 제품. 가격은 $15.95.

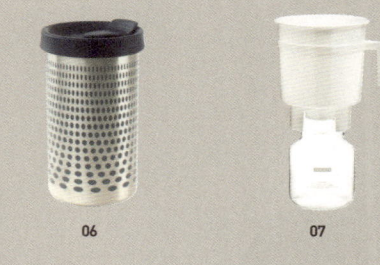

06  07

08  09

10

### 06 임프레스 Impress
미국의 소셜 펀딩 사이트인 '킥 스타터Kick starter'를 통해 개발되어 큰 인기를 끈 제품으로 프렌치프레스와 텀블러를 하나로 합친 형태다. 커피 맛은 기존의 침출식 도구와 크게 다르지 않지만 휴대성과 보온성 면에서 좋은 평가를 받는다. 가격은 74,000원.

### 07 토디 콜드 브루어 Toddy cold brewer
커피가루를 찬물에 담가 커피를 추출하는 침출식 콜드 브루어. 본체는 플라스틱 소재로 돼있으며, 내구성이 좋아 파손의 위험이 적다. 커피가루에 차가운 물을 부은 후 냉장고에 넣어두면 끝. 사용법도 간단해서 특히 초보자들에게 인기 만점이다. 국내 미수입 제품. 가격은 $39.50.

### 08 라티오 커피 머신 Ratio coffee machine
미국 포틀랜드의 '클라이브 커피Clive coffee'에서 선보이는 자동 드립머신. 세련된 디자인과 코르크 소재의 필터가 인상적이다. 뜸들이기 기능을 더한 점이 새롭고, 덕분에 간단한 조작만으로 웬만한 커피메이커 이상의 맛있는 커피를 내릴 수 있다. 다른 종이필터 호환도 가능하다. 국내 미수입 제품. 가격은 $480

### 09 보나비타 드립 스케일 Bonavita drip scale
커피 기물 전문 업체인 보나비타에서 출시한 브루잉 전용 저울로, 무게는 물론 시간도 잴 수 있다. 빠르고 정확하다는 장점이 있으며 추가 부품에 드립 스탠드도 있다. 가격은 220,000원.

### 10 아카이아 Acaia
브루잉에 최적화된 스마트 저울로, 스마트폰 어플리케이션과 연동해 추출 과정을 기록하고 비율 계산도 할 수 있다. SNS로 신속하게 데이터를 공유할 수 있으며 브루잉 커피를 보다 체계적으로 추출할 수 있도록 도와준다. 가격은 176,000원.

BREWING LESSON

# 08
## VARIOUS BREWING
그 밖의 브루잉

이와키 워터드립

# IWAKI WATER DRIP

가정에서 손쉽게 즐기는 더치커피

IWAKI WATER DRIP · LINE-UP

이와키 워터드립은 가정에서 간편하게 만들 수 있는 더치커피를 모토로 개발되었다. 가정용이기 때문에 500ml 정도의 분량만 추출할 수 있고 부피가 크지 않아서 공간의 제약이 적다. 굿 디자인상을 수상했을 만큼 세련된 외관이 인테리어 소품으로 활용하기에도 좋다.

LINE-UP | 가정용 워터드립 기구는 이와키 외에도 여러 업체에서 출시하고 있으며 외관은 유사하지만 필터에 약간씩 차이가 있다.

**01** Cold Bruer

미국에서 개발된 워터드립 기구다. 필터는 이중 망이며, 한쪽은 촘촘한 망, 다른 한쪽은 더 촘촘한 망으로 돼있다.

**02** 프랜드커피

세라믹 필터를 사용하며, 별도의 라운드 필터가 추가로 들어있어서 이를 얹어놓으면 물이 커피가루 전체를 골고루 적셔준다. 물이 떨어지는 간격도 조절할 수 있으며 가격도 저렴하다.

**03** 누보

이와키 워터드립과 유사하지만 필터가 망사 대신 세라믹으로 되어있으며, 테두리에 실리콘이 둘러져 있어서 커피가루가 추출된 커피로 떨어지는 것을 방지한다.

---

*check point*

· 찬물을 한 방울씩 떨어뜨려 내리는 일반적인 방식의 더치커피로, 깔끔한 맛과 풍부한 향을 느낄 수 있다.

### 01 바스켓
물을 넣는 부분으로 최대 500ml까지 채울 수 있고, 바닥에는 작은 추출구가 뚫려있다.

### 02 드리퍼
커피가루를 담는 부분으로 바닥에는 얇은 망사 소재의 필터가 붙어있다. 이 필터가 있어서 미분이 적고 맛이 깔끔한 더치커피를 내릴 수 있다.

### 03 서버
서버는 유리 재질로 돼있으며 주둥이가 있어 추출이 끝나고 커피를 따르기가 편하다. 측면에는 눈금이 있어 추출량을 확인할 수 있다.

IWAKI WATER DRIP · COMPONENT

## EQUIPMENT

이와키 워터드립
에어로프레스 필터
물 500g
원두 50g
잔

## CONDITION

- 로스팅 포인트 **미디엄**
- 분쇄도 4
- 물 온도 25℃

## RECIPE

**1** 원두를 분쇄한다.

**2** 드리퍼에 커피가루를 담는다.
상업용 더치기구와 다르게 커피가루를 다지지 않는다. 커피가루 사이의 밀도가 높아지면 물방울이 떨어지는 속도가 느려지기 때문이다.

**3** 서버에 드리퍼를 올리고 커피가루 위에 에어로프레스용 종이필터를 얹어 놓는다.
이렇게 하면 나중에 물이 전체적으로 퍼져서 커피가루를 골고루 적실 수 있다.

**4** 드리퍼에 바스켓을 올리고 물을 붓는다.

**5** 커피가 전부 떨어질 때까지 기다리면 추출 완료.
추출이 끝나면 다른 용기에 담아서 냉장 보관한다.

**6** 완성된 더치커피 원액은 물이나 우유에 타서 마시면 된다.

## NOTICE

### 분쇄도는 너무 가늘지 않게
분쇄도가 너무 가늘면 물이 잘 빠지지 않아서 드리퍼에 물이 넘칠 수 있으니 분쇄도를 적절히 조절한다.

## UPGRADE

### 색다르게 즐기는 더치커피
- **아이스 더치커피** 모름지기 더치커피는 시원하게 마셔야 제 맛이다. 더치커피 원액과 물을 1:1 비율로 섞은 후 얼음 잔에 넣어서 마신다.
- **아이스 더치라떼** 더치커피 원액은 농도가 진하기 때문에 물 대신 우유를 희석해 마셔도 맛있다. 더치커피 원액 80ml와 우유 70ml를 섞은 후 얼음 잔에 넣어서 마신다.

## TIP

더치커피는 아프리카 계열의 아로마가 좋은 커피로 추출하면 매력이 극대화된다.

VARIOUS BREWING

IWAKI WATER DRIP · RECIPE

하리오 미즈다시 포트

# HARIO MIZUDASHI POT

간편하게 만드는 침출식 더치커피

## HARIO MIZUDASHI POT · LINE-UP

'미즈다시'라는 말은 일본어로 '물에 우린다'는 뜻으로, 이러한 이름처럼 미즈다시 포트는 찬물에 오랜 시간 커피 가루를 우리는 침출식 더치커피 메이커다. 침출식 더치커피를 미국에서는 흔히들 '콜드 브루'라고 하는데, 하리오의 미즈다시 포트는 같은 침출식이지만 이와 다르게 촘촘한 구멍의 영구필터가 들어있어서 커피찌꺼기를 걸러내는 번거로움 없이 깔끔하고 진한 커피를 내릴 수 있다.

**LINE-UP** | 미즈다시 포트는 사이즈에 따라 두 가지 모델로 나뉜다. 또한 하리오 외에도 여러 업체에서 침출식 더치커피 메이커를 출시하고 있다.

**01 하리오 미즈다시 CMCPN-7B/R**
더치커피를 600ml(약 5잔 분량) 추출할 수 있다.

**02 하리오 미즈다시 CMCPN-14B/R**
더치커피를 1L(약 8잔 분량) 추출할 수 있다.

**03 칼리타**
침출식 콜드브루 기구로, 바스켓에 전용 종이필터와 커피가루를 넣고 서버에 물을 채우면 된다. 미분이 없어서 맛이 깔끔하다는 것이 장점이다.

**04 프리뮬라**
'프리뮬라Primula'라는 커피기구 전문 업체에서 출시한 아이스 커피 메이커. 기존의 제품과 비슷하지만 커피에 얼음을 넣고 젓기 쉽게 추가로 전용 스틱을 제공한다. 아직 국내에는 수입되지 않았다.

---

*check point*

· 침출식이기 때문에 여과식에 비해선 약간 텁텁한 느낌이 있다.
· 마치 술처럼 살짝 숙성된 향이 나기도 한다.
· 미분이 많이 발생할 수 있기 때문에 분쇄도를 너무 가늘게 설정하지 않는 게 좋다.
· 가격이 저렴해 큰 부담 없이 더치커피를 만들 수 있다.

### 01 뚜껑

커피를 내리는 동안 공기 중의 이물질이 들어가거나 향이 날아가지 않게 막아주는 부분. 포트에 끼웠을 때 '딱' 하는 소리가 나야 제대로 끼워진 것이다.

### 02 스트레이너

플라스틱으로 된 프레임에 구멍이 빽빽한 폴리에스테르 재질의 영구필터가 장착돼있다. 때문에 미분이 거의 나오지 않으며, 종이필터를 사용하지 않으므로 환경적인 면에서도 바람직하다. 스트레이너는 포트에 제대로 끼워야 커피를 따를 때 새지 않는다.

### 03 포트

하리오의 내열유리로 만들어졌다. 측면에는 용량을 표시하는 눈금이 있어서 저울 없이도 물 양을 가늠할 수 있다.

VARIOUS BREWING

HARIO MIZUDASHI POT · COMPONENT

## EQUIPMENT

미즈다시 포트 1L (MCPN—14B)
물 1kg
원두 65g
스틱
잔

## CONDITION

- 로스팅 포인트 미디엄
- 분쇄도 7
- 물 온도 25℃

## RECIPE

1  원두를 분쇄한다.

2  스트레이너에 커피가루를 담는다.

3  포트에 스트레이너를 끼운다.
이때 스트레이너 상단에 찍힌 빨간색 점과 포트 주둥이의 위치가 일치해야 한다. 그래야 포트가 밀폐되어서 커피 향이 덜 날아간다.

4  물 50g을 골고루 붓고 잠시 뜸을 들인다.

5 커피가루가 부풀어 오르면 스틱을 이용해 골고루 섞는다.

6 물을 조금씩 붓고 스틱으로 젓는 과정을 계속 반복한다.
포트에 물이 차오를수록 추출속도가 느려지므로 넘치지 않게 주의한다.

7 물을 다 붓고 나면 뚜껑을 덮고 8시간을 냉장 보관한다.

8 8시간이 지나면 필터를 꺼낸다.

9 완성된 더치커피 원액은 물이나 우유에 희석해 마신다.
남은 원액은 뚜껑을 덮은 후 냉장 보관하고 그때그때 꺼내서 마신다.

HARIO MIZUDASHI POT · RECIPE

NOTICE

### 스트레이너의 상태 항상 확인하기
스트레이너는 험하게 다루면 찢어질 수 있으니 주의가 필요하다. 스틱으로 저을 때는 가볍게, 세척은 그냥 손으로 살살 문지르는 것이 좋다.

UPGRADE

### 시원한 냉침차 만들기
미즈다시 포트도 다른 침출식 추출도구처럼 티를 우리는 데 활용할 수 있고, 특별히 시원한 냉침차를 만들 수 있다. 스트레이너에 찻잎을 넣은 후 찬물을 붓고, 냉장에서 8시간 정도만 보관하면 적당한 농도의 냉침차가 완성된다.

커피 편

# COFFEE PIN

뜨거운 여름에 제격인 달콤한 커피

COFFEE PIN · LINE-UP

베트남 태생의 커피 추출도구인 커피 핀은 보통 '베트남 커피 프레스', '베트남 커피 필터' 등으로 불리며, 침출식과 여과식의 중간쯤에 해당된다. 베트남은 프랑스 식민지 시절이던 19세기 후반부터 커피재배를 시작했는데, 로부스타 종이 주를 이루었다. 로부스타는 아라비카에 비해 향미가 부족해서 로스팅을 진하게 하는 게 일반적이었고, 베트남 사람들은 이렇게 강배전한 원두의 쓴맛을 줄이기 위해 커피에 연유와 얼음을 섞어 달콤하고 시원하게 더위를 이겼다.

LINE-UP | 커피 핀은 제조사에 따라 재질이 조금씩 다를 뿐 크기는 별반 차이가 없다. 가격대가 높은 제품은 스테인리스 재질로, 낮은 제품은 알루미늄 재질로 제작한다.

COMPONENT

**01 트레이**
체임버를 잔 위에 얹어놓을 때 쓰는 받침대로, 바닥에 뚫려있는 구멍이 필터 역할도 한다. 가운데 부분이 움푹하게 패여있어 체임버가 안정적으로 자리를 잡을 수 있다.

**02 체임버**
커피가루와 물을 담는 공간으로, 바닥의 추출구가 필터로 작용한다.

① 손잡이
커피추출이 끝나고 뜨거워진 체임버를 정리할 때 이 부분을 쥐면 된다.

**03 인서트**
체임버에 담긴 커피가루를 고정시키는 부분. 물을 부었을 때 커피가루가 뜨지 않도록 눌러주며, 이 역시도 구멍이 뚫려있어 어느 정도 필터의 기능도 있다.

**04 뚜껑**
커피를 추출하는 동안에 향이 빠져나가지 않게 막아준다.

*check point*

· 커피가루를 물에 우리는 것은 프렌치프레스와 유사하지만 중력에 의해 필터로 커피를 내리는 방식은 여과식에 가깝다.
· 필터가 금속 소재라 커피오일이 그대로 녹아들기 때문에 커피의 바디가 한층 살아있다.
· 추출구가 아주 촘촘하진 않지만 필터를 세 번이나 거치기 때문에 미분이 생각보다 적다.

## EQUIPMENT

커피 핀
물 120g
원두 20g
연유
잔

## CONDITION

- 로스팅 포인트 **미디엄**
- 분쇄도 5
- 물 온도 **93℃**

## RECIPE

1 원두를 분쇄한다.

2 체임버에 커피가루를 담는다.
커피가루를 담은 후에는 체임버 옆을 툭툭 쳐서 높이를 평평하게 맞춰야 물을 고르게 적실 수 있다.

3 커피가루 위에 인서트를 올린다.
모델에 따라서 인서트를 나사로 고정하는 것도 있다.

4 잔에 연유를 넣는다.
연유의 양은 기호에 맞게 조절한다.

COFFEE PIN · RECIPE

5 잔 위에 트레이와 체임버를 올린 후 물 20g을 골고루 붓고 잠시 뜸을 들인다.

6 물 100g를 붓는다.

7 뚜껑을 덮고 커피가 전부 떨어질 때까지 기다리면 추출 완료. 추출이 끝나면 뚜껑을 반대로 뒤집어서 트레이와 체임버를 얹어놓는 밑받침으로 사용한다.

8 커피와 연유를 잘 섞은 후 얼음을 넣어 마신다.

## NOTICE

### 추출 시간이 너무 길어요
커피 핀은 커피가루의 입자가 가늘며, 별도의 힘을 가하지 않고 오로지 중력으로만 커피를 내리기 때문에 추출 시간이 제법 걸리는 편이다. 고장난 것은 아니니 커피가 전부 추출될 때까지 인내심을 가지고 기다리자.

KALITA ONE-TOUCH DRIPPER · LINE-UP

종이로 만든 일회용 드리퍼로, 원두와 뜨거운 물만 있으면 언제 어디서나 간단하게 핸드드립 커피를 내릴 수 있다. 추출이 끝난 후에는 드리퍼와 커피찌꺼기를 한 번에 치울 수 있어서 뒤처리하기도 편하다. 평소에는 납작한 상태이기 때문에 별도의 수납 공간도 필요없다.

LINE-UP | 한 가지 모델만 있으며, 유사 제품으로 같은 칼리타 사의 '간단 드리퍼'가 있다. 사용법은 동일한데 간단 드리퍼 가격이 좀 더 저렴하다.

COMPONENT

**01 드리퍼**
하단에 필터가 부착돼 있으며 잔에 끼울 수 있도록 다리가 달려있다. 점선을 따라 접으면 아래쪽으로 필터가 벌어지면서 커피가루를 담을 수 있는 공간이 생긴다.

**02 필터**
천연펄프 재질이며, 일반적인 종이필터보다 매끈하다. 커피오일과 미분을 깨끗하게 거른다.

*check point*

· 커피 맛이 부드럽고 깔끔하며, 밸런스도 잘 잡혀 있다.
· 물줄기를 따로 조절하지 않아도 되기 때문에 초보자도 쉽게 쓸 수 있다.

## EQUIPMENT

물 140g
원두 10g
드립포트
잔

## CONDITION

- 로스팅 포인트 미디엄
- 분쇄도 5
- 물 온도 93℃

## RECIPE

1 드리퍼에 표시된 점선을 따라 접은 후 필터를 아래쪽으로 벌린다.

2 잔에 드리퍼를 올린다.

3 원두를 분쇄한다.

4 필터에 커피가루를 담는다. 커피가루를 너무 많이 담으면 물을 부을 때 넘칠 수 있다.

VARIOUS BREWING

KALITA ONE-TOUCH DRIPPER · RECIPE

5 물 30g을 골고루 붓고 잠시 뜸을 들인다.

6 물 110g을 두세 번에 나눠서 붓는다. 필터의 여유 공간이 적기 때문에 물이 넘치기 쉽다. 때문에 물이 빠지는 속도를 보면서 적당히 나눠 부어야 한다. 원두 양이 많을수록 물을 붓는 속도를 줄인다.

7 커피가 전부 떨어질 때까지 기다리면 추출 완료.

TIP

### 물줄기는 편하게 돌려도 된다

원터치 드리퍼로 커피를 내릴 때는 물을 굳이 원형으로 돌려가며 부을 필요가 없다. 커피가루를 골고루 적신다는 생각으로 손목에 힘을 풀고 편하게 부으면 된다.

## 기물 협찬업체 소개

### 카페 뮤제오 Caffe Museo
2002년부터 시작된 커피전문 온라인 쇼핑몰로, 현재는 오프라인 매장도 함께 운영하고 있다. 5,000여 가지가 넘는 다양한 커피 용품을 비롯하여 생두와 갓 볶은 원두, 에스프레소 커피머신까지 골고루 갖추고 있다.
**온라인** | www.caffemuseo.co.kr
**오프라인** | 서울시 강서구 염창동 240-21 우림 블루나인 A동 609호 살롱 드 카뮤

### 커피누리 Coffee Nuri
다양한 커피 관련 기구와 원두를 비롯해 카페창업 서비스도 제공하는 커피 전문 유통회사. 기성 제품뿐 아니라 자체 제작한 융 드리퍼, 계량스푼, 탬퍼 등도 눈에 띈다.
**온라인** | www.coffeenuri.com
**제조 및 도매** | 경기도 파주시 광탄면 분수리 109-10
**카페 및 소매** | 서울시 은평구 연서로 487 528동 상가 103

# 커피 브루잉
일상이 특별해지는 나만의 커피 만들기

2014년 11월 3일 초판 1쇄 발행
2023년 7월 7일 초판 13쇄 발행

**지은이** 도형수
**펴낸이** 홍성대
**편집** 정성희, 신시내
**사진** 박수경
**디자인** 정해진(onmypaper)

**펴낸곳** 아이비라인
**출판등록** 2001년 12월 27일 제311-2003-00049호
**주소** (04321) 서울시 용산구 한강대로 295 남영빌딩 5층 506호
**전화** (02) 388-5061 **팩스** (02) 388-9880
**홈페이지** www.the-cup.co.kr

ISBN 978-89-93461-22-0 13590

· 이 책은 저작권법에 따라 보호받는 저작물이므로 무단 전재와 무단 복제를 금합니다.
· 이 도서의 국립중앙도서관 출판시도서목록(CIP)은 서지정보유통지원시스템 홈페이지(http://seoji.nl.go.kr)와 국가자료공동목록시스템(http://www.nl.go.kr/kolisnet)에서 이용하실 수 있습니다. (CIP제어번호: CIP2014029788)